現代中東の難民と
その生存基盤

難民ホスト国ヨルダンの
都市・イスラーム・NGO

佐藤麻理絵 著
Marie Sato

ナカニシヤ出版

目　　次

序章　中東の難民問題とは何か ………………………………… 3
　　　　　── 熱帯乾燥域生存基盤論の視座より ──

1　はじめに　3
2　中東の難民研究と課題　6
3　本書のねらいと構成　12

第1章　難民問題の構造 ………………………………………… 16
　　　　　── 最前線に位置する中東 ──

1　はじめに　16
2　難民問題の誕生と変質　18
　　　── 難民研究の成立と国際的保護 ──
3　難民問題の震源地としての中東　28
　　　── 拮抗する価値 ──
4　現代中東における国家と領域　38
　　　── 国境線の揺らぎ ──
5　おわりに　41

第2章　熱帯乾燥域としての中東 ………………………………… 43
　　　　　── イスラームの都市性 ──

1　はじめに　43
2　中東の起源とその形成　44
　　　── 結節点としての都市 ──
3　熱帯乾燥域における空間と移動　52
　　　── 生態的特徴の把握 ──
4　ヨルダンの形成と地域の論理　57

5　おわりに　68

第3章　難民ホスト国ヨルダンの歴史的展開 …………………… 70
　　　　　——慈善空間に生成するNGO——

　　1　はじめに　70
　　2　難民流入経験の蓄積　72
　　　　　——難民ホスト国ヨルダンの成立——
　　3　イスラーム世界におけるNGO　81
　　4　難民受入のアクターと支援構造　87
　　5　難民の流入と法規範から見るNGOの展開　91
　　6　おわりに　95

第4章　都市型生存基盤の構築 ………………………………… 97
　　　　　——アンマンの形成と発展——

　　1　はじめに　97
　　2　都市アンマンの構造　98
　　3　バドル地区におけるイスラーム的NGOの活動と特徴　104
　　4　長期化する難民状態への都市型対応の構図　114
　　5　おわりに　120

第5章　沙漠に生成される社会生態空間 ……………………… 122
　　　　　——新都市マフラク——

　　1　はじめに　122
　　2　沙漠に生成される社会生態空間　123
　　　　　——都市マフラクの構造——
　　3　都市マフラクにおけるイスラーム的NGOの活動と特徴　131
　　4　移動する存在としての難民　145
　　　　　——熱帯乾燥域の性質と都市伸張の背景——
　　5　おわりに　151

終章　現代中東の生存基盤を読み解く……………………………… 153

*

注　　159
参考文献　　173
あとがき　　189
索　引　　195

現代中東の難民とその生存基盤
──難民ホスト国ヨルダンの都市・イスラーム・NGO──

序章

中東の難民問題とは何か
―― 熱帯乾燥域生存基盤論の視座より ――

1　はじめに

1-1　本書の主題と目的

　2016年末時点で，世界の難民・避難民は過去最高の数字を記録し，われわれはかつての「難民の世紀」と呼ばれた20世紀よりも深刻な時代にいる。現代において「難民」として取り扱われる人々の起源は，イスラエル建国によって発生したパレスチナ難民であり，同時期に成立した国連の難民支援も彼らの発生が起点である。それ以来，中東は常に難民問題の最前線として位置してきた。本書で取り上げるヨルダンは，パレスチナ難民の最大の受け入れ国であり，イラク難民に続き現在はシリア難民の流入に直面する世界でも類を見ない「難民ホスト国家」として位置づけられる。そもそも難民問題とは一体何で，なぜ中東が最前線に立ち続けているのか。現代中東の難民問題は，われわれが改めて問い直さねばならない課題であると言えるだろう。

　本書は，総合的地域研究の方法論に立脚し，持続型生存基盤論の視座に基づいて，現代中東における難民問題を批判的に考察し，難民の救援・支援活動の新しい形態としての「イスラーム的NGO」の独自性と実態の解明に取り組むものである。簡潔に言えば，中東地域に難民の比重が高い理由は，数

多くの戦争や内戦が繰り返されてきたことにある。またその背景には，第2次世界大戦後，植民地支配と委任統治を経て一方的に形成された中東諸国群の成り立ちとその構造矛盾が存在する。これが一気に噴出したのが一連の「アラブの春」の動きであり，IS（イスラーム国）の台頭という現代の複雑な中東地域の情勢であろう。過去を遡ってみると，第1次中東戦争に始まり第4次まで続いた中東戦争やレバノン内戦に湾岸戦争，イラク戦争やシリア内戦などと10年単位で戦争や内戦が繰り返されてきたのが中東地域である。その度に発生してきたのが難民であり，特にシリア内戦による大量の難民発生という近年見られない規模の緊急事態を眼前にして，難民救援の中核を担ってきた国連難民高等弁務官事務所（以下，UNHCR）も，自らの能力が限界に達していることを警告するに至った[(1)]。難民の受け入れには，当該国家とUNHCRを中核に据えた国際難民レジームとの関係に注目が集まるが，本書で取り上げるのは草の根の「イスラーム的NGO」という難民支援の「第三項」として位置づけられる存在である。本書では，難民問題解決に対する新たな枠組みの可能性を内包する第三項の全体像を，地域研究の立場から明らかにする。

　さて，中東の難民は，多くが都市に居住するという特徴を有している。ゆえに，難民が滞留する都市空間と彼らの生存との関係を，中東地域が属する熱帯乾燥域の生態的論理を踏まえて論じることが肝要である。その際に強調したいのは，中東の熱帯乾燥域という生態的特徴を，イスラームの都市性とその社会生態空間における人々の生存基盤の観点から分析する，ということである。人々の生存は生態環境と密接に連関し，また生態環境は人々の移動と居住形態を規定する。こうした人間と生態環境の相互作用がもたらす都市生態空間の変容を，空間情報のデータを用い，難民問題との関係から論じる新しい取り組みを通じて，中東の難民問題，さらには地域の持続的な生存のかたちを考えていきたい。

1-2　視座としての持続型生存基盤論

　本書を一貫して支える理論的枠組みに，杉原薫らが提唱する「持続型生存基盤論」が存在する。持続型生存基盤論は，これまでの生産至上主義的な

「温帯パラダイム」の価値に対して挑戦する論理であり，「熱帯パラダイム」への転換を提唱し，地球圏・生命圏・人間圏の3つを視野に入れて人間社会の生存基盤を考察するものである。この3つの圏で構成されるのが「生存圏」である。

われわれ人間を含め，地球に生きる全ての生物は，言うまでもなくそれぞれの土地の自然環境に依拠している。生存のために知恵を蓄え，自然との共生を模索してきた人類の営みは，西欧を中心とした産業革命を主なきっかけとして思想面及び実践面において大きく変容した。「近代ヨーロッパにおける資本主義の発展は，資本，労働と並ぶ最も重要な要素として土地を選び取ることによって可能」となり，地表が取り出され「地片」として売買できるようになったのである［杉原 2010: 4］。このような考え方が，温帯に位置するヨーロッパを中心に発展したため「温帯パラダイム」と呼ばれる。西欧列強は，中東を含めアジアやアフリカへと植民地支配を進める過程で，それぞれの土地で地表を売り買いしていった。こうして，地表中心の考え方が現在は地球の全ての表面に準用され，国境に基づく主権国家システムが世界規模で成立したのである。

持続型生存基盤論では，これまで「地表」から人間の眼で見てきた世界を，より三次元的で複眼的な「生存圏」から捉え直し，「生産」から「生存」への視座の転換，「温帯」から「熱帯」への視座の転換を促すものである［杉原 2010: 2］。本転換は，西欧中心主義からの脱却であり，国境で区切られた地表中心の単位（国家単位）でものごとを考えるのではなく，自然環境に軸を置いた考察の姿勢を提示していると言えるだろう。ここで重要視されるのが，「地球環境の持続にとっての熱帯生存圏の重要性」である［杉原 2012: 7］。地球圏・生命圏のいずれも中核をなすのは熱帯であり，人類の1万年以上もの歴史の中での，作物化や家畜化といった自然の改変も「熱帯の自然の圧倒的な力に跪き，戦いながらもそれとの共生を求めて，人間社会の側から自然を「ケア」する努力」を積み重ねてきた熱帯中心のものである［杉原 2012: ii］。われわれが享受している技術や制度革新は，ここわずか2世紀の間に温帯で作り出されたものであるが，杉原はこうした工業化の論理は生命圏との共生の論理ではない，と断言する［杉原 2012: ii］。「地球環境の熱帯の本質的

な基軸性と，技術や制度の発達における温帯の主導性との間に大きなミスマッチ」が生じており，われわれはこれを矯正する必要があると，提唱するのである［杉原 2012: ii］。以上の視座の転換をもって，人類の生存基盤が持続する条件を幅広く探ることが課題とされ，生存基盤を維持しながら発展する経路を考えるための「熱帯パラダイム」の創生が求められている。そのためには，切り取られた地表に基づく地域理解を越えて，地域と切り離すことのできない生態環境や自然環境，これらに規定される人間の活動の側面の全体像を捉える視点が必要とされているのである。中東は熱帯乾燥域に属し，「熱帯パラダイム」の創生において重要な位置を占める。

　本書では，持続型生存基盤論ないし熱帯乾燥域生存基盤論の視座に基づいて，熱帯乾燥域にみられる生態環境と密接に結びついた活発な移動形態や社会構造の背景を捉え，人々の持続的な生存基盤確保の形態を検討するものである。その際の事例となるのが中東の難民問題であり，特に難民救援の新しい形態としての「イスラーム的 NGO」の活動と，人々が生存する都市という空間への着目である。

2　中東の難民研究と課題

2-1　難民研究のアプローチ

　難民研究の最初の萌芽として初めて国際的な研究の枠組みが設立されたのは 1950 年であり，国連難民高等弁務官事務所の設立とほぼ時を同じくする[(2)]。その後徐々に世界的に取り組まれるようになり，1964 年には米国で『国際移民研究（*International Migration Review*）』が刊行され，英国オックスフォード大学では 1983 年に難民研究プログラム（Refugee Studies Programme）が設立されている。現在に至る難民研究の形成が始まるのは 1980 年代で，こうした動きは，難民研究が常に実務的な側面と結びつき政策と多分に往還して発展してきた側面を反映している。1980 年代は，南から北に移動する難民の増加が顕著になり，その後冷戦終結とその反動による内戦によって多くの難民が発生していく。難民研究の領域が成立した背景には，「難民が増大し，その受け入れに多くの国が消極的であるという事態に

どう対処するのか」という差し迫った同時代の要請が存在するのである［阿部 2002: 86; Cohen 1998］。こうして成立した難民研究の学問的成果は「包括的アプローチへの政策転換を促す知的誘因」となって実務へ影響を与えてきた［阿部 2002: 86］。その取り組みは多方面からなされ，複雑な事象が絡み合う多面的な難民問題は，学問分野を横断した学際的な研究分野である。

　難民研究の主なアプローチとしては，哲学・思想からのアプローチと法学からのアプローチが挙げられる。哲学・思想からのアプローチでは，難民問題の根源やその性質を指摘する本質的な議論がなされてきた。国民国家システムの擬制を指摘したアレント［1972］やゾルバーグ［Zolberg 1983］，加藤［1991; 1996］に加え，「生まれがただちに国民となる」虚構を指摘したアガンベン［2000; 2003］の議論が代表的であろう。また，国家という秩序から逸脱した存在として難民を論じたマルッキ［Malkki 1995］は，人類学の立場から難民問題に取り組む代表的な人物である。法学からのアプローチでは，難民に対する庇護や処置等の国内・国際法との関連，法的規範（人権），庇護・救援の枠組みが中心に扱われ，難民研究の中でも政策と直結する学問分野である。これまでの難民保護をめぐる国際法学は難民該当性に関する議論に終止してきたことを批判したのはJ. ハサウェイである［Hathaway 2005］。難民の権利保証を「難民の権利（rights of refugees）」として，「難民認定の是非とは別の次元で」［山本 2013: 350］論じたハサウェイは，難民法の体系に対する画期的な視点を提供したことが評価されている［山本 2013; 2014］。難民認定の問題は，庇護国での市民権獲得の有無や保護のあり方に直結するものであり，研究者だけでなく政策実務者にも広く関心を持たれてきた。

　難民は移民研究の一部としての側面も併せ持つ。難民流入がホスト国に与える影響や，難民による祖国への送金のインパクトが，経済学からのアプローチのもとで論じられてきた［Amjad et al. 1989; ウェイナー 1999; Francoise 2007］。移民研究で指摘される新古典派によるプッシュ・プル理論は［Kunz 1973］，移民の送り出し要因と受け入れ要因によって人の移動を説明してきた。経済格差をプッシュ要因の主たるものとして論じる本理論であるが，人の移動は必ずしも貧しい国から発生するものではない。また，現代の人の移動は多様化且つ複雑化しているため，2か国間または2地域間での人の移動

を想定する本理論では不十分であり，グローバルな関係性の中で移民や難民を論じる必要がある。また，移民と難民の境界線が曖昧化していることも多々指摘される。

　中東の難民研究では専らパレスチナ難民に関する研究が大多数を占め，パレスチナ研究としてひとつの大きな研究分野を構築してきたと言える［Khalidi 1959; Khouri 1968; Morris 1988］。また近年では，その数と規模の大きさからイスラーム世界と難民との関連を明らかにしようとする試みが始まっており，2008 年には「庇護とイスラーム（Asylum and Islam）」の特集号がオックスフォードジャーナルのひとつである『難民サーベイ・クオータリー（*Refugee Survey Quarterly*）』によって組まれた。代表的な議論としては，国際的な難民条約は本質的にイスラームの伝統と調和のとれたものであるとの主張や，価値あるイスラームの遺産は移民法や難民保護の分野において現代の国際社会に対する重要な点を有するとの主張がなされてきた［Arnaout 1987; Elmadmad 2008; Turk 2008; Shoukri 2011］。加えて難民保護の観点からは，イスラーム世界に属す各国の多くが国際難民条約の非締約国であることから，難民の人権保証に対する取り組みの欠如が指摘され，懸念が呈され続けている。

　難民研究は，次第に「強制移動」という包括的な概念のもとで，条約上の難民に限らず実質的に難民化した人々や国内に留まりながらも難民状態にある国内避難民を取り上げる「難民・強制移動研究」の領域へと広がりを見せていく［墓田 2014］。しかしながら強制的（forced）と自発的（voluntary）の間に境界線を引くことは，グローバル化時代において人々の移動形態が多様且つ複雑化している中で，ますます困難になっていると言えよう。

　究極的には，難民問題が解決し，難民研究そのものが消滅することが望ましいであろう。現実は真逆の様相にあり，難民研究は難民問題の発生原因を突き止め，その多角的な解決策を模索するためにさらなる発展が求められている。人々の移動の様態の一部に着目し概念化することで発展してきた難民研究は，強制的・自発的，合法的・非合法的，国内移動・国外移動といった二元論に陥りやすく，既存の視点に縛られがちである。学際的な領域であるがゆえに様々な学問分野から取り組まれる難民研究は，さらなる分野横断を

経験しながら二元論を乗り越え，難民問題解決に向けた新たな枠組みを提示することが課題となる。

2-2　難民研究とヨルダン研究

　本書では，中東地域の中でも特にヨルダンを中心に取り扱うため，ヨルダンに関する研究についても概観しておきたい。中東地域研究の中では他諸国と比べると蓄積が少ないものの，その成果は歴史研究と政治研究に大別される。歴史研究では，パレスチナ人流入にともなう国民形成の過程や，部族と国家との関係が取り上げられてきた［Abu Nowar 1989; 北澤 1993; 2005; Rogan 1999］。ヨルダンは，国民の半数以上をパレスチナ系によって占められているとされる。パレスチナ難民への国籍付与を経て，パレスチナ系住民とトランス・ヨルダン系住民との関係には高い関心が寄せられてきた［臼杵 1991a; Brand 1988; Abu-Odeh 1999］。政治研究では，アラブ民族主義の興隆期におけるヨルダンの対外関係や，1989 年の下院議会選挙再開を機に進展した政治的自由化のプロセスが関心を集め，論じられてきた［Lucas 2005; 吉川 2007］。また，「アラブの春」後も維持されたヨルダンの君主制への注目は，再度高まっていると言えるだろう。

　難民問題との関係を扱ったこれまでのヨルダン研究では，建国以来繰り返されてきた難民受入について，諸外国からの援助の獲得と体制維持を図る外交政策の展開や，難民流入による経済的負担及び恩恵の側面が大きな関心を集めてきた［Khatib 1991; Hinnebush 2003］。本来難民の保護を提供するのは主権国家であるが，ヨルダンは国際難民条約の非締約国であり，国際的な難民保護の枠組みとは異なる対応を見せてきた。イラク難民を「ゲスト」として受け入れるなど，法的な措置における限定的な対応が指摘される［Sassoon 2009］。難民支援については，支援そのものに着目したというよりは，イスラーム運動研究もしくはムスリム同胞団研究の一部として，これら組織と政治体制との関係や，社会運動の動態分析として扱われてきた［Wiktorowicz 2000; Clarke 2004; Harmsen 2008］。実際の難民保護に従事する草の根的な種々の組織は，その内実はほとんど論じられることがなく，多くの研究でイスラーム主義組織が個別的に取り上げられてきたといえる。本書で

は，詳細な事例提供による慈善組織の全体的な把握を目指し，「イスラーム的 NGO」という包括的な概念のもとで，草の根的慈善組織のローカルな難民支援の活動実態を明らかにする。

2-3　課題の所在

　以上のように中東の難民研究及びヨルダン研究は，進展を遂げ，様々に論じられてきた。同時に，残された課題は大きく分けて以下に 3 点挙げられる。これらを乗り越えることこそが本書の意義となる。

　1 点目は，中東における難民研究は，ほぼ独立した研究領域を形成しているパレスチナ（難民）研究があって，イラク難民やシリア難民を個別的に扱う傾向があり，偏りが見られるという問題である。そのため，本書では中東の難民問題を網羅的に捉え，通時的な視角で難民をめぐる社会動態を解明することに取り組む。そのために，難民受入の最前線に立ち，国民一人当たりの受け入れでは最大の難民ホスト国であるヨルダンを取り上げ，その歴史的連続性と経験蓄積に着目してその社会動態を分析する。同時に，二元論に陥りがちな難民研究において，滞留する都市難民へ注目し，彼らの生存基盤確保の形態と移動形態を総合的に精査していく。

　2 点目は，難民の流入に接する社会の動態が十分に明らかにされていない，という問題である。難民受入に対する国家の政策や，国際難民レジームとの関係について論じることが肝要であることには変わりないが，実際の流入に直面している社会の側はどのように応じているのか，その実態を明らかにする試みは少ない。本書では，社会の草の根で難民支援活動を展開する「イスラーム的 NGO」の全体像を明らかにすることで，その社会動態の解明を試みる。世界的な宗教復興の流れの中で，中東イスラーム世界においてもイスラーム復興の流れをくんで様々なイスラーム的 NGO が登場している。これらの多くは，テロ組織やイスラーム主義組織とのレッテルが貼られ，専ら体制に対峙する脅威として描かれてきた。また，ムスリム同胞団に焦点を当てた研究が多数を占めるという偏りも見られる。本書ではこれらの組織を「イスラーム的 NGO」という包括的な概念で捉え，実証的に明らかにする。その際には，イスラーム的 NGO の難民への支援という実務に着目し，フィー

ルドワークによるデータを中心に実態解明を試みる。

　3点目は，難民だけでなく中東地域の人々の生存に直結する，地域の生態環境の側面を踏まえた社会生態空間の考察が抜け落ちてしまっている，という問題である。中東地域が属す熱帯乾燥域の論理を抜きにして，当該地域の人の移動や生存，また社会動態の分析もし得ない。本書では，熱帯乾燥域生存基盤論の視座に沿って論を進めていくと同時に，難民の生存基盤を論じる際には情報空間分析の手法を用いることを試みたい。難民研究は人の移動を概念的に扱う学際的な研究でありながら，地理学や情報空間学との往還はあまり見られないのが実情である。難民流入にともなう社会動態の変容は様々な側面に現われるが，地域経済への影響や政府による公共サービスへの影響といった側面に加え，居住地域の拡大，さらには都市の拡張といった空間の変容をもたらす。まず，対象地域の生態環境を航空写真及び衛星画像から分析し，その変容については ArcGIS 及び ENVI，AutoCAD ソフトを使用する空間情報分析の方法を用いて明らかにする。情報空間分析を用いることで，人々の移動や居住形態，都市の変容そのものを視覚的に理解することが可能となる。

2-4　方法論

　本書は，原典解析，理論研究，フィールドワークを統合した学際的な総合的地域研究の方法に立脚している。

　ひとつ目の原典解析では，イスラーム的 NGO が配布するパンフレットやリーフレット等の一次資料と，難民に関連する現地新聞の最新記事，都市に関する史料と政府発表資料を用いている。都市に関しては，アンマンのマスタープランや開発計画に関する報告書に加え，王立地図センターにて収集した現地地図資料及び航空写真を用いることとした。イスラーム的 NGO に関しては，ヨルダンの NGO 規制に関する社会開発省のデータ及びアンマン市政の NGO 登録情報に関する一次資料を扱った。

　2つ目の理論研究では，中東地域研究と難民研究の双方を取り入れた学際的アプローチを取ることとする。難民研究の学際的な性質ゆえに，難民を扱う国際法や政治学，人類学の知見を参照し，イスラーム的 NGO の分析につ

いては，中東地域研究及び NGO 研究の蓄積，イスラーム学における避難や庇護についての知見を用い，現代の難民という事象を紐解いていく。同時に，本書を一貫して支える理論的枠組みとして，持続型生存基盤論がある。地域の生態環境や自然環境を踏まえた上で人々の生存基盤形成を分析するもので，文理融合の性質を持つ。本書では，地域の生態環境を衛星写真や航空写真の使用及び ArcGIS や AutoCAD, ENVI のソフトウェアを使用する空間情報分析を用いて考察する。

　3つ目のフィールドワークは，地域研究の強みでもあり，欠けてはならない部分であろう。本書では，ヨルダンの難民事象について，またイスラーム的 NGO とその活動についてフィールドワークによる徹底した実態調査を行なう。対象地域でのイスラーム的 NGO への聞き取り調査を軸に，国連職員，調査地域の市長や市政府職員，及び社会開発省，計画・国際協力省，宗教省，ザカート・ファンド等政府機関へ訪問し，関係者への聞き取り調査を実施した。また，調査地において GPS を用いた地理情報収集を実施したほか，空間情報分析に用いる地図及び航空写真のデータは，王立ヨルダン地理センターにて入手した。

3　本書のねらいと構成

3‐1　熱帯乾燥域としての中東を捉える

　本書が扱う難民の事象は，熱帯乾燥域としての中東地域を理解するのに，事例として最適なものである。難民の発生は悲しい現実であり，戦争に翻弄され苦しむ人々を目の前にして胸が痛むのは皆同じであろう。但し，中東が難民問題の最前線であることこそが，地域の国境線が柔らかく，沙漠を有する熱帯乾燥域においては人の移動が比較的容易であることを示す，良くも悪くも的確な事例であると言えるのである。本書では，中東地域の難民と彼らの生存基盤について取り組む上で，地域の生態的特徴やイスラーム生誕と文明の地としての特徴を捉え，熱帯乾燥域としての中東を描くことに注力する。そのためには，熱帯乾燥域における「三項連関」の論理を踏まえ，イスラーム文明の発展した中東地域の特性を改めて読み解いていく必要がある。また，

難民という事象を扱うにあたり，イスラームにおける庇護の論理についても論じる。現在のわれわれが暮らす世界では，領域主権国家体制の下で人々が生活するほぼ全ての場所は主権国家の管轄下にある。すなわち，国境を越えて難民化した人々は自国以外の主権国家において庇護を求めることを意味するが，イスラームでは庇護を求め与える行為はどのように解釈され，いかなる空間概念が構想されてきたのだろうか。中東における難民の概念的解釈と，難民をめぐる空間概念，庇護を与える行為形態の意味を明らかにしていきたい。

　同時に，本書ではヨルダンを「難民ホスト国」と位置づけてその社会動態を，熱帯乾燥域における生存の核となる都市への着目から紐解いていく。歴史的に連続的な難民流入にさらされてきたヨルダンでは，難民の多くは都市に流入しており，都市の形成と発展に影響を与えてきた。これらの点を考察する際にも，中東地域が熱帯乾燥域に属している生態的特徴を捉え，地域における人の移動形態と生存の特性を検討する必要がある。また，ヨルダンは中東の中でも人工的な国家としての性質が強く，独立を経て急成長を遂げた国であり，ヨルダンの都市は近代都市の性質を持つ。ダマスカスやカイロなど歴史ある古代都市の研究は蓄積があるが，中東における近代都市の研究は限られる。本書は，中東の近代都市の構造を，都市難民との関係から明らかにしていく。

3-2　対象地域

　本書が対象とするのは，難民問題の最前線に位置してきた「中東」地域であり，時代として扱うのは難民問題の起源となったパレスチナ難民発生以降である。地域概念としての「中東」は，西洋列強による覇権抗争の中で登場し，分割の対象として極東と近東の中間に位置づけられた。20世紀に入り，近東と中東の区分が薄れて「中近東」となり，第2次世界大戦を経ると中近東全体が「中東」との総称で呼ばれるようになった［小杉 2006: 161］。近年は，アラブ諸国の一部である北アフリカを含めて「中東・北アフリカ（MENA）」という用法も主流となっている。この他にも，言語に立脚した民族的区分によりアラブ諸国だけを指す「アラブ世界」[8]や，東南アジアや中

央アジアを含めた「イスラーム世界」[9]の諸概念が存在する。本書では，北アフリカを含めた中東地域を全体的な対象とする。同時に，難民問題及びイスラーム的 NGO という事象を扱うにあたり，中東地域の中でも特にヨルダン・ハーシム王国（al-Mamlaka al-Urdunnīya al-Hāshimīya）を事例に，イスラームでつながる新たな地域枠組みとしてのイスラーム世界の広がりにも注意しながら論じる。ヨルダンで対象とする都市のひとつはアンマンであり，特にハイイ・ナッザール地区（Ḥayy Nazzāl）である。もうひとつは，北部都市マフラクである。マフラクはヨルダンの北部に位置する都市であり，マフラク県（Muḥāfaẓa al-Mafraq）の中心的都市にあたる。首都すなわち主要都市と地方都市とを比較対象として両者を取り上げることの意義は大きく，またマフラクは中継地として機能する周縁地方の事例として重要性を持つ。

現代における難民問題は，パレスチナ難民がその起源であり，国際的な難民保護の枠組みも 1948 年に起因して発展してきた。したがって，本書が対象とする時代はパレスチナ難民発生の 1948 年から現在（2016 年）までの期間とする。ヨルダンを主な事例対象とするにあたり難民問題に関わる特に重要な事件として，1948 年の第 1 次中東戦争，1967 年の第 3 次中東戦争，1990 年から 91 年の湾岸危機・湾岸戦争，2003 年のイラク戦争，2011 年から現在まで続くシリア内戦が挙げられる。シリア内戦は，2016 年 12 月 30 日にロシアとトルコの仲介により停戦合意が発行されたものの，反体制派内部の再編は続き，戦闘も続いており，収束には程遠い現状にあると言えるだろう。

3-3　本書の構成

本書は以下のように構成される。

第 1 章では，本書を通じて扱われる難民問題について，その誕生と変容の過程，難民問題の本質的な議論を展開する。難民問題の全体的な議論を踏まえ，中東地域が難民問題の起源である所以やパレスチナ難民の根源的性質について言及し，中東の領域主権国家の揺らぎを国境線画定の経緯と実態から論じていく。

第 2 章では，中東が属す熱帯乾燥域の論理について，生態的特徴を明らか

にし，イスラームの都市性との関連から論じる。中東はどのような生態環境を有しているのか，特に降水量と砂漠の関係を概観しながら，その歴史的発展を論じる。本地域ではイスラームが誕生し，版図を拡大させていったが，歴史的発展の中でも重要な役割を果たしてきた結節点としての都市の特徴を指摘し，現代中東においてはその性質がどのような現状を意味するかについて議論する。

　第3章では，中東地域の中でも代表的な難民ホスト国であるヨルダンを事例に，通時的な視角のもとで，ヨルダンの難民受入をめぐる政治社会動態について論じる。ヨルダンは国際難民条約に批准していない中で，難民への対応はいかなるものか，難民保護の主体としての国際社会の対応とともに概観する。さらに，草の根で難民への支援を展開する第三項としての「イスラーム的NGO」についてその概要を示す。そのために，イスラーム的NGOの概念については，市民社会の概念や近年多用されつつある信仰に根ざした組織（FBO）などの用語との関係を精査する。ヨルダンを事例に，イスラーム的NGOが社会的にどのような位置づけにあるのか，またその歴史的形成について論じるとともに，ヨルダンの難民受入にともなう国際難民レジームとの駆け引きについて分析していく。

　第4章では，イスラーム的NGOの草の根的展開を，ヨルダンの首都アンマンの一地区を事例に論じる。中東では近代都市としての特徴を持つアンマンが，具体的にはどのように発展してきたのかについて，ヨルダンの政治的背景の歴史的変遷を概観し，特に都市難民として定着していった難民との関係から論じる。さらに，長期化する難民を抱える都市内部の社会動態を，イスラーム的NGOの活動を通して考える。

　第5章では，シリア国境から程近く，難民流入の最前線に位置する北部都市マフラクを事例に都市の変容を分析する。同時に，難民への支援を草の根的に展開するイスラーム的NGOの実態を明らかにし，難民流入にともない生成する地方都市の社会生態空間について論じる。

　最後に，本書の主論点をまとめ，結論を記す。

第 1 章
難民問題の構造
——最前線に位置する中東——

1　はじめに

　2017年6月20日[1]，国連難民高等弁務官事務所（以下，UNHCR）は2016年度末時点で世界の難民・避難民が過去最高の推計6560万人に上ったとする報告書を発表した。第2次世界大戦後最悪の数字であることはもとより，過去最高の数字であり，われわれは再び難民の世紀にいる。近年の難民問題が世界的に喚起されたひとつの哀しい出来事として，男の子の遺体がトルコ沿岸に打ち寄せられる情景を捉えた写真が衝撃を与えたことは記憶に新しい。シリアを逃れヨーロッパを目指していた一家は，男の子を含めその兄弟と母親がボート転覆により命を落としている。定員を大幅に超えて大量の難民を載せた密航船が（多くが簡易なボートである）地中海を渡りヨーロッパを目指す様子は当時連日報道されていた。地中海ではこうした密航船の転覆や遭難により多くの命が失われており，その数は2016年の1年間で4500人以上に上るとされる[2]。欧州に逃れる難民が急増し始めたのは2014年頃からで，"Migration Crisis" という見出しがニュースや新聞の一面を毎日のように飾り，危機感を募らせた欧州では早急な対策が喚起されたのである。確かに2013年と比べると難民の行き先は欧州が51％増加しているものの，多くは

依然として周辺国へと流入しているのが現状である。今世紀最悪の人道危機とされるシリア内戦は，トルコ，レバノン，ヨルダンという周辺国が受け入れの上位3か国として位置している。内戦開始から6年目が経過し停戦合意がなされた今も，混沌とした状態が続く中で難民帰還の目処は立たず，難民状態の長期化は必至である。

　本章では，難民という事象がどのように発生し，現在に至るまでの間にどのような変容を遂げてきたのかについて概観した上で，中東における難民問題を論じる。難民問題が国際問題として認識されるまでに，2度の世界大戦で大量の人々が行き場を失くし，避難状態に置かれたことが挙げられる。避難状態にある人々に対しては，長らく時限的な措置がとられ続けたが，国連総会によって1949年にはパレスチナ難民救援事業機関（United Nations Relief and Works Agency for Palestine Refugees in the Near East, 以下UNRWA）が設立され，1951年には難民条約の制定にともない国際難民保護レジームが本格的に成立する。当初は第2次世界大戦により発生した難民を想定していたが，現在まで続く難民問題はその規模も地域的な範囲も広がりを見せている。その様相は複雑化且つ多様化しており，国内避難民や長期化した難民状態，移民との境界の曖昧化といった事象をともなっている。現在の国際難民保護レジームも難民の定義拡大や支援対象者の拡大といった変容を遂げているものの，庇護提供の姿勢は西欧諸国を中心に消極的になっており，受け入れの裁量は各国に一任されているのが実情である。特に，中東諸国は，領域主権国家体制を前提とする戦後レジームにおける最初の難民を発生させた場所であり，パレスチナ難民という，いわば難民問題の根源的な存在を有している。また，難民条約を批准していない国が多く，現在進行形で発生しているシリア難民の受入国であるヨルダンやレバノン，イラク，当事国シリアも含めていずれも条約の非締約国である。こうした事態に対しては，特に難民の法的規範の不備が懸念されてきた。なぜ中東からは多くの難民が発生し続けており，難民条約を批准していないのはなぜなのだろうか。その一端には，第2次世界大戦後，植民地支配と委任統治を経て一方的に形成された中東諸国群の成り立ちと，結果として繰り返される数多くの戦争や内戦が要因に挙げられる。本章では，難民問題の誕生と変容を概観し，中東

における難民問題の特徴を捉える。

2　難民問題の誕生と変質
　　　——難民研究の成立と国際的保護——

2-1　難民の誕生——定義の確立

　20世紀は難民の世紀とも呼ばれ，世界中で民族問題や宗教対立が噴出した。21世紀に入った現在まで続く解決を見ない難民問題は，地球規模課題のひとつとして存在し続けている。緊急性の高い難民問題に対する人道支援や救援の枠組みは，国際機関を中心に構築され発展してきた。一般に，難民とは，人種・宗教・国籍・政治的信条などが原因で，自国の政府から迫害を受けるおそれがあるために，国際的に認識されている境界線（国境）を越えた者を指す。これらの理由によって，一度国境を越えた場合に「難民」となり得る構造は，国境線の存在に代表されるような領域主権国家の世界的な成立及びその国際化と密接に関係している。本節では，難民とはいかなる存在かという点について，難民の語義や歴史的変遷，国民国家の擬制性が関係する本質的問題を概観していく。

難民の語義由来

　まず，難民という語について述べておきたい。語義の変遷は，時代によって変化した難民の性質や特徴の一端を示す。英語で難民は「ref-uge」の派生形であり，「refuge」の語は1385年頃に発生した中期英語とされる。中期フランス語から流入したもので，語源はラテン語の「*refugium*（*refugere*: 振り返って走りさる，逃げる）」にその起源を遡ることができる。派生し成立した「re-fu-gee」は，1685年にフランス語の「*réfugié*（*réfugier*「避難する」の過去分詞）」より流入した。フランスのカルヴァン派新教徒であるユグノーが，政府による弾圧や旧教徒との衝突の結果として，多くがドイツ等の周辺地域へ亡命したことが，「難民（refugee）」の語をフランス語にもたらした。これが後に英語へ流入したと考えられる。日本語では，最初の記録は1862年の『英和対訳袖珍辞書』に見つけることができ，訳語は「逃レル

表 1-1 初期の「難民」に関する邦訳語一覧

年号	訳語	出典
1862	「Refugee 逃レル人」	『英和対訳袖珍辞書』
1867	「Refugee Ochi-udo［落人］」	ヘボン『和英語林集成』*
1872	「Flüchtling 駆落スル人，出奔スル人」	『字和袖珍辞書』
1873	「Flüchtling 逃ル人，急ギ旅スル人」	『独和字典』
同上	「Flüchtling 遁ル人，出奔人（戦ヨリ）」	『和約独逸辞典』
1884	「Refugee 避難人，避遁者，脱走者；難ヲ他國ニ避クル人」	『明治英和辞典』
1885	「Refugee, one who flies for protection 逃避者，逃走者」	『英和雙解字典』
1887	「Refugee 避難人，避遁者，脱走者，逃走者；難ヲ他國ニ避クル人」	『附音挿図和譯英字彙』
1888	「Refugee 逃避者，逃走者，脱走者；難ヲ他國ニ避クル人」	『ウェブスター氏新刊第辞書和訳字彙』
1956	「Refugee 避難者，亡命者」	『新簡約英和辞典』
1957	「Refugee 避難（亡命）者」	『スタンダード仏和辞典』
1973	「Refugee 難民」	『ランダムハウス英和大辞典』**

（出所）　小森・市野川［2007: 95］に加筆・修正。
  ＊　日本最初の英語で書かれた日本語辞典。ヘボン式ローマ字を考案したことで知られるジェームズ・C. ヘボン（1815-1911）による。
 ＊＊　現在は第 2 版（1994）が確認できる。「refugee：1（政治動乱・戦争などで外国へ逃れる）避難者，難民：2 政治難民（Political refugee）」（第 2 版 1994 年）。

人」とされた。日本語の訳語はこれ以降も定まらず，主として「避難」の意が強く反映された訳語があてられてきた。「難民」と初めて訳されたのは，1973 年であった。

　日本語の「難民」と英語の「refugee」や仏語の「réfugié」との比較から見えてくるのは，空間的移動の有無・力点が，災害や困難に「ぶつかる」「遭遇する」ことにあるのか，それとも，それらを「避ける」ことにあるのかという違いに深く絡んでいる［小森・市野川 2007］。日本は自然災害の多い国で，災害からの避難という視点が強くあったことが推測される。

　アラビア語の語義については，遡って参照することのできる辞書や資料が少ないため困難であるが，近代から現代への移行時に新たな語として派生形

が誕生したと推測できる。アラビア語には，主として「避難」の意として語根 laja' が存在し，クルアーンにも「避難所」等の意で語根の派生形が見られる。1877 年に刊行された英語・アラビア語辞書（Lane, E. W. 1877. *Arabic English Lexicon Volume Two*, The Islamic Texts Society, Cambridge: England.）では，語根 laja' での立項は認められるものの，現在「難民」として使われている lājī' は見当たらない。1971 年に刊行された英語・アラビア語辞書（Wehr, Hans. 1971. *A Dictionary of Modern Written Arabic*. 3rd ed. Otto Harrassowitz.）では，語根 laja' の立項のもとに，lājī' の記載を見つけることができる。また，1961 年に刊行されたアラビア語辞書（al-Mu'jam al-wasīṭ）の第 1 版でも，語根 laja' で立項されている中に，lājī' についての説明を見つけることができる。[9] 本辞書は，1 版（1961 年），2 版（1986 年），3 版（1989 年），最新版の 2011 年と，カイロ・アラビア語アカデミーより刊行されている。現代のアラブ世界に広く普及しており，学校教育で積極的に使用されているほか，知識人の間で最も広く流通し推奨されている辞書として知られる。lājī' の語は 60 年代に入ってから立項が確認され，近代から現代への過程で新たに派生して成立した語であると言える。

難民の定義

「難民」の定義は，1951 年の「国連の難民の地位に関する条約」（難民条約）と 1967 年の「難民の地位に関する議定書」（難民議定書）によって規定された。難民条約の第 1 条 A (2) で，難民の定義は以下のように記されている。

> 1951 年 1 月 1 日前に生じた事件の結果として，かつ，人種，宗教，国籍若しくは社会的集団の構成員であることまたは政治的意見を理由に迫害を受けるおそれがあるという十分に理由のある恐怖を有するために，国籍国の外にいる者であって，その国籍国の保護を受けることができないもの又はそのような恐怖を有するためにその国籍国の保護を受けることを望まないもの及びこれらの事件の結果として常居所を有していた国の外にいる無国籍者であって，当該常居所を有していた国に帰ることができないもの又はそのような恐怖を有するために当該常居所を有してい

た国に帰ることを望まないもの

　その後，1967 年「難民の地位に関する議定書」において，上記の難民条約における対象地域の限定が原則解消され，難民の時限的限定が排除された。本条約により実定法上における難民の存在が確立され，「条約難民」として国際的に認識されることとなった。難民条約による難民の保護は，迫害を受けた国への送還の禁止というノン・ルフールマン原則を中心に据える。現代では難民事象の複雑化且つ多様化により，条約難民に加えて難民と同じような危険にある人々（People in refugee-like-situations）や国内避難民（Internally Displaced People，以下 IDP）らを含め，「援助対象者（Persons of Concern）」として広義の難民と捉える傾向にある。難民の定義は地域的機構レヴェルによっても拡大されていき，アフリカ諸国連合による 1969 年の「OAU 難民条約」や中南米諸国が採択した 1984 年の「カルタヘナ宣言」等がある。また，近年では地球環境問題及び自然災害によって土地を追われた人々を「環境難民」と呼び，特に気候変動による海面上昇の影響や旱魃や水害による人々の難民化が危惧されている。

難民問題の歴史的変遷

　難民をめぐる歴史的変遷は，主として 3 つの段階に分けられる。第 1 段階は 1940 年代中頃から 1951 年難民条約成立前後，第 2 段階は難民条約成立後から 80 年代，第 3 段階は 90 年代初頭から現代までである。第 1 段階は，第 1 次世界大戦及び第 2 次世界大戦とそれにともなう領土の再編成が多くの難民を生んだ時期である。とりわけ 1917 年のロシア革命では大量のロシア人が難民化し，20 世紀最初の大量流出となった。また，第 2 次世界大戦を経て 1948 年にイスラエルが建国されると同時に，現在まで解決を見ない大量のパレスチナ難民が発生した。大戦後の第 2 段階では，大半の難民は冷戦下における共産主義体制からの脱却，反植民地闘争，祖国解放運動により発生した。当時の難民受入は，東西冷戦時代におけるソ連や東欧諸国からの難民を西欧諸国が積極的に受け入れるという構図のもとで，共産主義政権を否定するという政治的意味合いを濃くしていた。60 年代からはアジアやアフリ

カを中心に,植民地支配から独立を獲得した国々において内戦や紛争,武力闘争の勃発により大量の人々の移動が起きた。エスニック・マイノリティ等の民族問題や,宗教対立が如実に表われだしたのもこの時期である。また,石油危機をはじめとする世界経済の減速は,難民受入に対する主要先進国の態度を硬化させ,難民キャンプや周辺国における難民状態の長期化が発生した。第3段階においては,冷戦の終結とその反動による武力紛争,発展途上国における民族紛争の数々が深刻な事態を多く生んだ。多くの国々が独立を果たした一方で,民族や宗教間の対立が顕在化し,国家形成へ大きな障壁を残すこととなった。例えばユーゴスラビアの崩壊,その後ボスニア,コソヴォでの紛争により,またルワンダ,ナイジェリアをはじめとするアフリカ東部及び南部・大湖地域における内戦や紛争によりこれらの地域では大量の難民が発生し,同時に多数の市民が犠牲となった。急増する難民を受けて,先進諸国は難民の流入に危機感を示し始める。冷戦終結後その姿勢は決定的なものとなり,流入を防ぐため条約上の難民の地位提供を厳格にし,西欧諸国の「難民の封じ込め」や「庇護に対する消極的姿勢」の傾向は強められていった[土佐 2002]。このような西欧諸国の対応とは裏腹に,大量に発生する難民に対しては,先述したように地域ごとに難民の再定義や拡大がなされたことに加え,国際難民レジームもその性質を変化させていく。国際的な難民支援機関である国際難民高等弁務官事務所(UNHCR)は,難民を条約上の難民に限定せず,「援助対象者」として国内避難民や難民と同等の環境に置かれた人々,旱魃や飢饉,環境破壊や経済開発によって移動を余儀なくされた人々も人道支援の対象として認識するようになる。先進国の難民受入が減少し,90年代半ばには難民数も全体的に減少傾向にあったが,現在はシリア,イラクを筆頭にその数は第2次世界大戦後最大となっている。また,彼らの多くは周辺国や地域内のいずれも発展途上国内に留まる状態が継続している。

難民問題の本質

難民問題は全世界を覆った国民国家の擬制的性質に由来し,現代的な国民国家システム形成の必然的帰結である——故に国際社会とは切り離せない

──，すなわち難民という現象がネイションという擬制的な観念に支えられた国民国家の擬制性に帰結するものであるとの理解が，難民発生に関する原理的な考察として存在する［加藤 1996; Haddad 2008］。代表的な議論として，アレントは 1951 年の著作の「国民国家の没落と人権の終焉」と題した章で，国家への帰属が個の存在そのものであることを，ユダヤ人亡命者及び難民としての自らの経験を通して指摘している。アレントによる人権の命運を近代国民国家の命運と結び付けるテーゼを真剣に受け止め，「難民という概念（および難民が表象する生の形象）を人権概念からきっぱりと分離しなければならない」［アガンベン 2003: 185］としたアガンベンは，「難民はおそらく，現代の人民の形象として思考可能な唯一の形象」［アガンベン 2000: 24］であると主張した。「剥き出しの生」として「難民」を捉えたアガンベンが重視したのは，「国民国家においては「生まれがただちに国民となる」という虚構であり，「生まれ」と「国民」の間に論理的に存在するはずの「人間」が不可視の領域に追い込まれているということ」［小森・市野川 2007: 9］であると小森は指摘する。難民という表象をめぐる根源的な議論は，繰り返されながらも，現実との矛盾に直面し続けている。われわれは，第 2 次世界大戦の終結，冷戦時代を経て世界中の植民地が独立を遂げる過程で，主権国家体制が世界規模で成立していくのを見てきた。ウェストファリア体制を基礎に，民族自決権による領域主権国家及び国民国家の枠組みは，現代の国際社会の成立を支える基本的単位として存在している。この基礎単位の中に市民権・国籍・戸籍の付与がなされた人々が暮らす。国家システムや国際社会を巻き込んだ複雑で多様な価値を持ち合わせる難民という事象に対して，この基礎単位はますます強固なものとしてわれわれの前に立ちふさがり，大量難民化の時代へと突入しているのである。

2-2 難民問題の質的変容──争点領域の多様化

　本項では，強いられた移動や迫害の恐れなどの枠内に収まらず，これまでの定義では捉えきれない人の移動が顕在化し，難民の定義が時代の変化と共に揺れ動いてきた点について概説する。難民保護の観点からも，人権法の登場による難民保護法制の環境の変化が指摘できる。

条約難民と事実上（de facto）の難民

　難民は誰か，という問題に対して，条約上の難民に留まらない広義の定義が確立されつつある。すなわち，UNHCR の支援対象者の拡大である。難民条約の定義に基づく難民は条約難民と呼ばれ，狭義の難民として理解される。インドシナ難民の発生を発端に，彼らを事実上の難民（de facto refugees）として保護の適用を広げたことをはじめとし，洪水や旱魃などの自然災害や環境問題に由来した環境難民も保護の対象として扱われるようになった。先述したように，難民の定義拡大については地域ごとにおいても取り組まれ，アフリカ統一機構（OAU）による 1969 年「難民の地位に関する議定書（OAU 難民条約）」[14]やラテン・アメリカ諸国による 1984 年「カルタヘナ宣言」[15]は，UNHCR の体制転換を反映する形で，「戦争や内戦などにより故郷を追われた者」を難民に含むと明確に定めた。難民と同じ状況にありながら国境を越えずに自国内に留まる IDP については，1998 年に国連により「国内強制移動に関する指導原則（Guiding Principles on Internal Displacement）」（以下，指導原則）によって保護規範が明記された。IDP は，武力紛争や人権侵害等で自らの意思に反して移動を余儀なくされたものの国境を越えずに避難状態にある者のことを指す。現在 UNHCR の「援助対象者（Persons of Concern）」は難民に加え，庇護申請者，無国籍者，帰還民，国内避難民を含む[16]。人の移動形態の多様化と条約上の難民に留まらない多様な避難の形態が広く認識されたことによって「援助対象者」として難民の範囲は徐々に拡大し，広義の難民保護の枠組みが成立してきたのである。

難民と移民の境界曖昧化

　援助対象者の出身国が政治的・経済的に不安定な状況であればあるほど，それらの国々からの人々の流出は，より良い経済的機会を求める移動とその境界が曖昧化する。第 2 次大戦以降，国境を越えて移動する人は，保護の対象となる難民と，対象にならない移民が制度的に区別されてきた［柄谷 2014］。本制度的区分は，国際的な難民保護のシステム構築と，移住を管理する主権国家体制の成立や移民（移住）を専門に扱う国際機関の登場に起因

する。国際移住機関（International Organization for Migration，以下 IOM）は，人々の移動（移住）を専門的に扱い，難民に関しても彼らの帰還や第三国定住を扱っていた。難民問題は当初から移住の要素をともなっていたと言える［中山 2014］。同時に，難民のカテゴライズは難民受入に接する主権国家の難民認定プロセスに依拠するということでもある。冷戦後も増え続ける難民に対して，それまで受け入れに積極的であった西欧先進諸国は難民を安全保障上の脅威として，また経済的な負担とみなして庇護申請を減少させようとしてきた。西欧先進諸国への移民流入についても，1970 年代頃より同年代初頭の世界的な経済不況によって，国境を超えた移動の管理が厳格化され，不法移民の取り締まりも強化されていった。先進国への移民としての入国が困難になったことで，難民のための庇護制度を乱用して入国する移民労働者が増加し，これが明るみになることで難民の受け入れもより厳格になるという悪循環に陥った。グローバル化の流れが加速する現代においては，自発的に移動する移民と非自発的に移動する難民が混ざり合い，世界的な人の移動は重層的かつ複雑な動きとなりつつある。移民とも難民とも捉えられないグレーゾーンに位置する人々が増加し，両者の境界はますます見えづらく区分しにくくなっているのが現状である。

長期化する難民（PRS）

今日の難民の状況は，受入国において長期化している点が問題視され，「長期化する難民の状況（Protracted Refugee Situations）」（以下 PRS）として指摘されている。本指摘は UNHCR によって 2009 年になされ，ひとつの国籍国から 2 万 5 千人以上が避難開始から 5 年以上に渡り，解決策が当面見込めないままに足止めされ続けている人々の状況として明文化された。2014 年時点では，640 万人の難民が PRS であるとされ，難民全体の 45％ を占めた［UNHCR 2014］。長期化の平均的年数は 33 年であり，33 件の PRS 事象が 25 年の長期化状態にあることが報告されている。PRS 問題の核心は，難民の安全は確保できるものの「長期にわたって人権保障が不十分な状況に捨て置かれる点」［山本 2013: 343］であり，PRS の存在は難民問題の膠着状態と解決策の限界を端的に示している。

2-3　難民の国際的対応と恒久的解決策のジレンマ

　難民問題にどのように対応するかは，国際社会の課題として現在まで問い続けられている。難民への対応の性質は，保護（protection）と支援（assistance）があり，これらを区別して理解する必要があるとされる［山本 2013］。すなわち，保護は難民の命を危険にさらす攻撃から守ることを意味し，支援は水や食料等の提供をはじめとし難民の生存を支える活動である。また，支援を提供できる主体は（政府や国連，市民社会などと）様々にある一方で，保護の提供が可能なのは主権国家だけであるという点にも注意する必要がある［山本 2013］。本項では，国際的な難民保護の歴史的変遷を概観し，その矛盾と課題を指摘する。

国際難民保護レジームの系譜

　難民問題に対する国際的保護のレジームが形成されるのは，難民が急増する20世紀初頭に端を発する。難民問題を扱う国際的な組織体は，1938年の「政府間難民委員会（Intergovernmental Committee on Refugees, IGCR）」であり，特にユダヤ系のドイツ人難民の再定住を促進するための国家間協調を推進することを目的に設立された。後の1943年には「連合国救済復興機関（United Nations Relief and Rehabilitation Administration, UNRRA）」が新設され，1947年には「国際難民機関（International Refugee Organization, IRO）」が設立された。いずれも期限付きの機関で，難民の帰還においては東西対立の表面化が見られた。期限を迎えたIROに代わり，現在まで続くUNHCRが設立され，難民条約の採択を経て国際的な難民保護レジームの形成が始まる。難民条約は，第2次世界大戦により大量の難民が欧州に滞留していたことや，東西冷戦の幕開けという当時の政治的・時代的要請に応える形で成立した［阿部 2002］。当初は第2次世界対戦により発生した難民への対応を目的とし，その後は冷戦状態の中で，西欧諸国が共産圏のソ連や東欧からの難民を受け入れるという状況が続いた。しかしながら，独立にともなう混乱や内戦などからアジアやアフリカからの難民が増加し，UNHCRは難民の定義の拡大や法の弾力的適用を余儀なくされる。規模も地

域も拡大を見せた援助提供であるが，西欧諸国の庇護に対する消極的姿勢から庇護提供は減少し，「難民の封じ込め」とも言われる状況が生み出されていく。その現象は現在もあまり変化しておらず，人の移動の管理は厳格になり，国境線は太く国家の壁は厚くなるばかりである。なお，国際難民レジームの中でもパレスチナ難民に対しては，彼らに特化して援助を提供する事業機関として，1949 年に国連総会で設立された UNRWA が現在まで活動を続けている。

恒久的解決策

UNHCR は難民問題解決に向けて，自発的帰還，庇護国定住，第三国定住の3つの恒久的解決策を追求している。最も望ましい解決策は自発的帰還であるとして推奨を続けているが，2001 年以来自発的帰還者の数は減少し続けていることが報告され，難民状態の長期化も指摘されている［UNHCR 2014］。一国によって生み出された難民が他の主権国家へと流入することは，難民を生み出した当事国だけでなく受け入れる側の国家，その周辺地域，さらには世界にとって安全保障上対処すべき事柄となる。長期間滞留状態にある難民の存在は，ホスト国に経済的・社会的に大きな影響を及ぼすし，彼らへの保護政策や国民統合の過程で衝突も起きかねない。難民というイシューは，グローバルな世界において国際的な課題のひとつであり続けており，恒久的解決策のどれもが決定的な解決策とはなり得ない膠着化状態が生じている。加えて，新たな脅威としてのテロや，自然災害の増加，グローバル化の進展や世界情勢の変化にともない，様々な事象が複雑に絡み合って起きる人の移動は，将来的にも増加することが予想される。

本書において対象となる中東諸国は，多くが難民条約に批准しておらず，UNHCR が掲げる難民保護や解決の枠組みには原則として準じない。難民条約の非締約国でありながら難民流入に直面する中東諸国は，多くの場合に彼らを一時的な外国人滞在者として扱い，彼らに対する国家主導の特別な保護対象の位置付けや支援展開は実施されないことが特徴的である。パレスチナ難民，イラク難民，さらにはシリア難民と，彼らの難民状態は長期化し，主として周辺国である中東諸国において事実上の庇護国定住状態となっている

のが現状である。

3 難民問題の震源地としての中東
―― 拮抗する価値 ――

3-1 中東イスラーム世界と難民

　中東は，難民問題に直面し続けているひとつの地域である。当該地域の難民を捉える際に重要な点は，1つ目には何よりも難民の比重（発生と受け入れ共に）が非常に大きい点，2つ目に多くの中東アラブ諸国が難民条約の非締約国である点，3つ目に伝統的に様々な移動の諸形態が存在してきたという点であろう。これらに加え，筆者が強調したいのは，地域が持つ紐帯としてのイスラームとアラブ性，及び熱帯乾燥域という地域の生態環境の諸要素がもたらす地域への作用であるが，これについては第2章でくわしく述べることとする。

難民の現状

　現代世界の難民の根源ともいえるパレスチナ難民をはじめ，その後も絶えない戦争や内戦により中東は常に難民問題の最前線として位置してきた。[17] 1994年から2016年の難民発生の上位10か国と受け入れの上位5か国を示した図1-1からは，2016年の世界の難民数はシリア，アフガニスタン，南スーダンの順に多く，OIC加盟国（イスラーム協力機構，Organization of Islamic Cooperation）であるスーダンとソマリアを鑑みると，中東からの難民発生が顕著であることがうかがえる。

　難民受入国についても，2016年6月末時点で上位3か国はトルコ（280万人），パキスタン（160万人），レバノン（100万人）と続き，中東によって占められている［UNHCR 2017］。最大の要因は泥沼化したシリア内戦であり，シリア難民の周辺国への流入が数字を上げている。「アラブの春」以降中東の混乱は続き，揺れ動き続ける中東情勢を如実に示す指標としても捉えることができる。

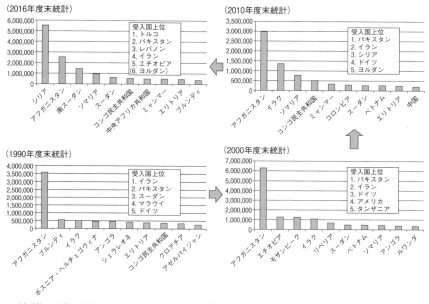

図1-1 難民発生国上位10か国・受入国5か国

(出所) 隔年 UNHCR Global Trend より筆者作成。

難民条約への非批准

1951年の「難民の地位に関する条約」及び、1967年の「難民の地位に関する議定書」は、難民の法的地位について一般的な諸原則を定めた唯一の包括的な国際的枠組みであり、国連加盟国の多くが批准している。しかしながら、パレスチナ人の帰還権や民族自決権を主張し、多くの中東イスラーム諸国は同条約へ批准していない。難民発生の上位を占めるイラクやシリア、受け入れの上位であるヨルダンはいずれも批准していない。2015年時点で、難民条約締約国数は145、議定書締約国数は146となっている。批准していない国は、バハレーン、イラク、ヨルダン、クウェート、レバノン、リビア、オマーン、パキスタン、カタル、サウディアラビア、シリア、アラブ首長国連邦が挙げられる。(18) OIC加盟国で見ると、加盟国57か国の内、批准しているのは36か国で、その多くをアフリカ諸国が占めている。すなわち、難民

条約を批准していない中東諸国が，まさに難民問題の中心に位置しているのである。難民条約を批准していない各国政府には，難民保護に対する義務は発生しないし，政府による難民の認定も行なわれない。そのような状態の中では，難民支援の中核を担う国際機関の展開は簡単ではない。UNHCRは批准していない各国にもオフィスを持ち，難民認定や援助活動を積極的に行なっているものの，当該国政府との間で難民の法的地位をめぐり支援枠組みに支障が出ていることが度々指摘されている [Chatelard 2010]。例えばイラク難民の事例では，ヨルダン政府は彼らを「ゲスト (guests)」「訪問者 (visitors)」として，特別な法的地位を与えることなく，一般的な外国人滞在者と同じ扱いを行なったほか，ビザ要件や就業資格について厳しい対応をとってきた。

中東の難民に対する地域的枠組み

中東諸国の多くが難民条約を批准していない状態にある中で，UNHCRは各国政府と協力しながら活動を展開している。現代中東での難民問題の比重の高さゆえに国際社会は解決策を模索するべく，UNHCRが中心となり，これまで中東諸国側と難民に関する種々の勉強会を行なってきた。これを受けて中東諸国では当事者としての意識が喚起され，難民に関する様々な動きが見られるようになっている。

UNHCRは，1984年から1992年にかけて難民法と庇護に関する中東諸国出身の専門家による勉強会（1st to 4th seminars by Arab experts on asylum and refugee law）を4回にわたって開いた。中東の法律専門家や学者を集めて難民法に関する知識を深め，意見交換を行なうことで，難民問題に関する関心を高めてもらうことが目的であった。参加者の間では，人権法の不可欠な要素はアラブ世界でくまなく保障される必要があるとの合意や，難民条約は難民についての普遍的な道具であることが確認された。一方，パレスチナ難民の保護及び帰還権と民族自決権は強く主張された。この勉強会を経て，1994年にはアラブ連盟により，「アラブ諸国における難民の地位に関する条約（Arab convention on regulating the status of refugees in the Arab countries）」が成立する。以下が原文である。

1. Any person who is outside the country of his nationality or outside his habitual place of residence in case of not having a nationality and owing to well-grounded fear of being persecuted on account of his race, religion, nationality, membership of a particular social group or political opinion, unable or unwilling to avail himself of the protection of or return to such country.

2. Any person who unwillingly takes refuge in a country other than his country of origin or his habitual place of residence because of sustained aggression against, occupation and foreign domination of such country or because of the occurrence of natural disasters or grave events resulting in major disruption of public order in the whole country or any part thereof.

上記の条文からは，難民の定義に国内避難民，無国籍者，環境・災害（natural disasters）及び社会的秩序を脅かす深刻な事態（grave events resulting in major disruption of public order）が包含されていることが分かる。また，国際人権宣言（Universal Declaration of Human Rights）や1951年及び1967年の難民条約を承認する（Confirming）としている(19)。内容としては，国際的に難民の定義や解釈の拡大が起きる中で，それに準じたアラブ諸国での認識を示したものとして捉えることができる。但し，この条約は締結されたものの未発効であり，難民条約への批准が進むことはなかった。

　難民条約における難民は，迫害等により国籍国の外にいて，その国籍国の保護を受けることができないもしくは望まない者が対象である。ここでは国籍国，つまり領域主権国家により付与される国籍を持つ者の存在と国籍国の存在が自明のものとされている。これまで見てきたように，中東アラブ諸国側の主張には，領域主権国家を持たないパレスチナの存在が影に潜んでいることが分かる。中東アラブ諸国が難民条約へ批准しないのは，難民条約にはパレスチナ人の帰還権と民族自決権が保護・維持されていない，という理由

からである。パレスチナという国籍国が存在していない以上，パレスチナ国籍を持つ者は存在せず，帰還するパレスチナ国の存在はあり得ない。従って，難民条約ではパレスチナ人の存在が無視され，彼らの帰還権は存在していないと理解され，パレスチナの民族自決権を求める中東アラブ諸国の主張へとつながるのである。[20] こうした主張の姿勢は，現在まで続くパレスチナ問題の未解決状態を反映していると言えるだろう。現に，パレスチナ難民に対しては専門に設置された援助事業機関 UNRWA が援助や支援活動を実施しており，難民条約によって難民認定された難民は UNHCR の管轄の下で援助が実施されている。

地域的枠組みの現在

中東アラブ諸国政府に難民問題への対応を迫り，対話や議論の機会を設置したり，難民条約への批准を求める努力は近年においても続けられている。2012 年 5 月には，UNHCR と OIC が共同し，トルクメニスタン政府の主催の下，中東イスラーム世界の難民問題への対処を議題にした初の閣僚会議 (Ministerial Conference on Refugees in Muslim World) が開催された。[21] 本会議では，イスラーム法やイスラームの伝統は，庇護を求める人々への保護提供についての原則を包含している点が強調された。また，UNHCR 側は，中東諸国に対し難民条約への批准を再度要求した。中東諸国では様々な取り組みによって対話が重ねられ，難民問題への関心の高まりが見受けられるが，議論は平行線をたどっていることが分かる。

近年では，難民をイスラームとの関連から論じる試みも進みつつある。代表的な議論としては，難民条約がイスラームの伝統と調和のとれたものであるとの主張や，価値あるイスラームの遺産は移民法や難民保護の分野において現代の国際社会に対する重要な点を有するとの主張が多数を占める [Arnaout 1987; Elmadmad 2008; Turk 2008; Shoukri 2010]。しかしながら，実際の難民保護や政策実施に至る具体的な進展はない。難民とは帰還する場所を奪われている状態にある者のことであり，パレスチナ難民こそ難民であるとして，パレスチナ人の帰還権と民族自決権を主張するアラブ諸国側と，難民条約への批准を迫る国際社会との溝は埋まっていない。

中東の戦争と内戦

　中東から難民が多く発生する理由は何か。パレスチナ難民問題の未解決状態に加え，数多くの戦争や内戦が繰り返されてきた地域であることが最大の理由に他ならない。1948年のイスラエル建国によりパレスチナ解放闘争は決定的となり，現在まで解決を見ずに最大の中東問題として存在し続けている。1967年の第3次中東戦争及び1973年の第4次中東戦争は，さらに大量のパレスチナ難民を生んだ。その隣のレバノンでは1978年にイスラエルの南部侵攻が発生し，1982年には再度イスラエルが侵攻したことによってレバノン戦争が発生している。また，1979年にはアフガニスタンがソ連軍と戦争状態に陥り，1989年まで戦闘が続いた。1980年からは8年間にわたりイラン・イラク戦争が勃発，1990年には湾岸戦争が開始され，2003年からはイラク戦争が勃発した。アフガニスタンも2001年にターリバーンと多国籍軍の間で戦争が起き，現在も不安定な情勢が続く。さらにはシリア内戦，ISの台頭にともなうロシアとアメリカをはじめとした多国籍軍が展開する対テロ戦争，加えて，スーダン内戦，ヨルダン内戦，レバノン内戦，ソマリア内戦，アフガニスタン内戦，イエメン内戦，ダルフール紛争（スーダン），リビア内戦と，各地で戦争・内戦が勃発してきた。10年に一度は大きな戦争が発生し，さらには内戦が繰り広げられてきた中東では，ともなって人は避難し，難民化・国内避難民化してきたのである。

伝統的移動の諸形態

　難民は国境を越えて発生するが，多様にある人々の移動の中の一形態に他ならない。人々の移動，もしくは地域における人々の移動性という観点から見ると，中東地域は歴史的に見ても移動の多い地域として捉えることができる。中東地域は熱帯乾燥域に属し，広大な沙漠地帯を有し，希少な水資源を備えたオアシス都市が形成されてきた。同地域で登場したのは，都市を中継し広大な貿易ネットワークを築いた商人と，遊牧を行なう牧畜民であり，砂の海である沙漠を移動する代表的な存在であった。また，地域に勢力を広げたイスラームの影響により，イスラームへの改宗が進みムスリムが多数存在

するという地域の特質を形成しただけでなく，彼らは各地から巡礼地に集った。現在のサウディアラビアの都市マッカ，マディーナを筆頭に，その他多くの地域に存在する聖地へも巡礼者の移動がかつてより盛んに行なわれていた。また，イスラーム世界の勢力拡大が版図を広げていく過程で，聖典の言語であるアラビア語はムスリムだけでなく地域に内在する多様な人々の共通言語として広まった。地域内外における人の移動には，遊牧，商業，巡礼に代表される伝統的諸形態が存在し，イスラーム世界の繁栄にともない活発化してきたことが分かる。イスラームとアラビア語にみる文化的・言語的均質性は熱帯乾燥域に広がる中東地域の共通点として，地域の紐帯を築いてきた。本性質については第2章で詳しく述べることとする。

3-2　パレスチナ難民問題の根源性

　中東世界での難民を考える際，第一に指摘されるのがパレスチナ難民である。パレスチナ問題の未解決状態は，パレスチナ人こそ真の難民であるという，中東諸国の難民条約非批准の理由ともリンクする。

　第2次世界大戦中のユダヤ教徒迫害，ホロコーストに見る大量虐殺は人類の歴史に暗い影を落とした。大戦後，ユダヤ教徒への同情の高まりも相まって，パレスチナに対するイギリスの委任統治が終了した1948年5月にイスラエル建国は現実のものとなった。イスラエルの独立が宣言される以前から，ユダヤ教徒側と建国に反対のパレスチナ・アラブ側の衝突は幾度となく繰り返されていたが，建国にともないこれらの衝突がレバノン，シリア，ヨルダンなどのアラブ諸国とイスラエルとの国家間戦争へと発展し第1次中東戦争が勃発した。パレスチナ難民の大量発生は，イスラエル建国と第1次中東戦争が発生したこの1948年に起源を遡ることができる。いわゆるパレスチナ人とは，1948年5月のイスラエル建国当時に英国の委任統治下にあったパレスチナに居住していた者及びその子孫となる[22]。UNRWAの統計によると，1950年当時のヨルダンに逃れたパレスチナ人の人口は約50万6200人と記録された。また，レバノンには12万7600人，シリアには8万2194人，ガザ地区には19万8227人と記録されている。正確な全体難民数は不明だが，UNRWAは救済活動を開始した直後の1950年6月末時点での難民数を91

万人と報告しており,実にその半数以上がヨルダンに流入していたことになる。UNRWA は,1949 年 12 月の国連総会決議に基づき成立し,1950 年より活動を開始したパレスチナ難民を取り扱う単独の機関である。パレスチナ難民に対して中東の避難先でのみ援助事業を展開する UNRWA は,UNHCR のような難民への法的保護や第三国定住の任務は与えられなかった。パレスチナ難民が第三国に移住したり,避難先とする中東諸国で市民として統合されてしまうと,中東アラブ諸国は「イスラエル国家の正当性を揺さぶる貴重な外交カードを失うことを意味する」[阿部 2002: 92] ために,域内にパレスチナ人を難民として閉じ込めておく必要があったのである [Loescher 1993]。

1967 年には別名 6 日間戦争とも呼ばれる第 3 次中東戦争が勃発し,再び大量のパレスチナ難民が発生した。また,湾岸戦争時にはイラク,クウェートからパレスチナ出身避難民が多く発生しシリア,レバノン,ヨルダンの周辺国に逃れた。パレスチナ問題は 60 年以上たった今も解決するどころか,イスラエルの入植は着々と進められ,状況は悪化しているように見える。帰還するべき場所,すなわち祖国を奪われ占領下に置かれるパレスチナとイスラエルという構図が続いている。

3-3 難民をめぐる庇護の空間とイスラーム

イスラームの伝統には,保護行為としてのアマーン(amān)の概念が存在する。付随する重要なタームとして,ムハージール(Muhājir),ムスタジール(Mustajīr),ムスタアミン(Musta'min)が挙げられる。いずれもダール・アル＝ハルブ(Dār al-Ḥarb)からダール・アル・イスラーム(Dār al-Islām)へ保護を求めにやってきた者である。ダール・アル＝イスラームとダール・アル＝ハルブは,イスラームにおいて共同体を包摂する空間概念である。両者ともイスラーム法学者により唱えられたイスラームの世界観に基づく領域的概念でもあり,イスラーム世界と非イスラーム世界を分類する。ダール・アル＝イスラームとは,「イスラームの家」が原義で,この空間ではムスリムの主権の権威が容認されイスラーム法が適用される一方で,非ムスリムや外国人は安全が保障され保護を受けることができる。ダール・アル

=ハルブは，イスラーム法が適用されていない，イスラーム世界と戦争状態にある領域を指す。すなわち，ムハージールは，クルアーンに明記される庇護を必要とするムスリムの移住者を指し，ムスタジールは，ムスリムと非ムスリムの両方を含み，一時的に庇護を求めに来た者のことである。ムスタアミンは，ムスリムと非ムスリムの両方を含み，保護契約を結んだ者を指す。ムスタアミンへの保護契約は個人の他にグループも含み，保護を機にイスラームへ改宗する者も，庇護民（dhimmī）として人頭税（jizya）を支払う者も対象とされる。契約により，彼らは彼ら自身の信仰を持ち続けながらムスリムが提供する保護を享受し，一方で税を払いムスリムによる統治を受け入れる。ショウクリは，これを双方の合意なしには成立し得ない相互依存の契約であると指摘する [Shoukri 2010]。また，ムハージールは永久的な保護を得るのに対し，ムスタジールは一時的な保護を得る。ムスタアミンは庇護民になれば永久的な保護を享受し，そうでない場合は一時的な保護にとどまる。現代の「難民」を指す語彙には，多くがムスリムであることを鑑みると，一番近いのはムハージールもしくはムスタジールであると予想される。実際には，現在一般に「難民」を表現する単語にはラージウ（lāji'）が用いられている。本語彙は60年代以降に形成された語で，イスラームの伝統的な保護概念とは別に，パレスチナ難民の発生など現代において生じた新たな難民の属称として使われている。いずれにしても，伝統的なイスラーム社会では，多様な人々を包摂し，必要であれば保護を提供する寛容な社会空間が存在したことが分かる。図1-2は，イスラームの伝統における庇護提供の枠組みを示したものである。イスラームが版図を拡大する過程で，キリスト教徒，ユダヤ教徒，ゾロアスター教徒などの非ムスリム，マイノリティー，外国人等は，独自の信仰や組織を保ったまま保護下に置かれた。

　また，イスラームの伝統には保護（jiwār）概念も存在する。これは，イスラーム以前のジャーヒリーヤ時代から，その承諾のメカニズムと共に広くアラビア半島を中心に道徳規範として既に根付いていたとされる [Shoukri 2010: 3]。保護は2つの組織間で交わされる契約であり，保護する者は主に部族間において名声を得て，高い地位を得た。また，孤児として生まれ主として伯父の保護の下で過ごした預言者ムハンマドがマディーナへ移住（ヒジ

図 1-2 イスラームの伝統における庇護提供の枠組み

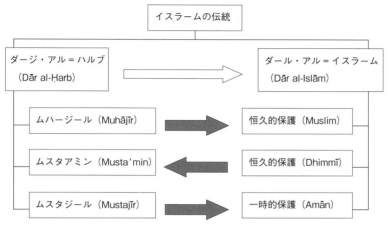

（出所）Shoukri［2010: 84］により筆者作成。

ュラ，al-Hijra）し庇護を享受したことは，イスラームにおける重要な出来事として現在まで受け継がれている。ヒジュラとイスラーム国家建設の過程で，ムハンマドやその一行は保護された者として保護を求める側と，保護する者として保護を与える側の両方を経験することとなる。ムハンマドらが経験した保護された者としての苦しみが，出身地や宗教を問わず保護を必要とする者には保護を与えることを自然と可能にし，預言者の経験を通して確立されたムスリムにとっての義務となったのである［Shoukri 2010: 43］。このようにイスラームにおいて，保護（庇護，アサイラム）を求めること，また与えることは，権利且つ義務であり，イスラームの伝統として保持されている。

加えて，イスラームの倫理には，沙漠地域を移動する人々が互いに希少な水資源や食料を分かち合うという，地域での生存確保に欠かせない要素が含まれている。旅人へのザカート配分の義務付けや，隊商宿の公的保護は，熱帯乾燥域という過酷な生態環境の中を移動する人々を日常的に包摂してきた中東地域の様相をよく表わしている［小杉 2011］。同時に，中東に根ざす客人歓待（ḍiyāfa）の伝統や，その精神でありムスリムの重要な美徳とされる寛容，寛大さを意味するカラム（karam）の存在からも，他者を受け入れたり他者を歓待したりすることがイスラームにおいて称揚されていることが分

かる。

4　現代中東における国家と領域
　　――国境線の揺らぎ――

4-1　現代中東における国家論

　難民という現象が，国家の枠組みを超えて起きるものである以上，国境線の存在や国民国家の存在が前提となる。改めて，現代中東における国家について概観し，難民との関係を論じておきたい。

　中東アラブ諸国が，植民地支配を経て，西洋諸列強による領域確定という外的作用を強く受けて成立した人工的な国家群であることは広く認識されている。第2次世界大戦後，ウェストファリア体制を基礎に，民族自決権による領域主権国家及び国民国家の枠組みは，現代の国際社会の成立を支えその前提となっていった。アジアやアフリカでは，多くが植民地支配からの独立を果たし，同時に内線や紛争，武力闘争の勃発，民族間紛争や，宗教対立を引き起こした。こうした事態は，国家統合及び国民創出を目指して独立を遂げたものの，これらが困難であることを露呈している。現代中東においても，国家統合やネイションの創造は容易ではなかった。これまでに，中東ではアラブ民族主義や汎イスラーム主義，国家ナショナリズムが興隆しては減退してきた。

　現在の世界を覆う国民国家は，ネイションとステイトがイコール（≒）の関係であるというのが前提である。例えば日本は，ある程度の単一的な民族と単一言語を共有するネイションを持つステイトであるが，中東をはじめ世界の国々の内実は多種多様な人種・民族・言語集団を包摂する国々で構成される。中東では多くの人々がアラビア語を共有するが，中東の地域的な広がりを捉える際，言語に立脚した民族区分を利用し，アラビア語圏であるアラブ諸国，トルコ語圏であるトルコ，ペルシャ語圏であるイラン，というような分類で認識されることが多い。[23]いずれの地域も，言語は異なるもののイスラームを信仰するムスリムが大半を占めている。また，イスラームにおいては，信仰に基づいた普遍共同体「ウンマ（umma）」の概念が存在する。ウ

ンマとは「全信徒を包摂する共同体であると同時に，政教一元論的なイスラームの理念を実践する主体」[小杉 2006: 38] である。ウンマは，イスラームの広がりを中心的に据えて「イスラーム・ウンマ」として働く時もあれば，アラブ性の重視から「アラブ・ウンマ」も登場する。イスラームの理念を体現するクルアーンに基づき，現実の実践レヴェルでムハンマドの統治時代及びその後4代にわたる正統カリフ時代において，政治的意思を備えたウンマの統一が図られた。この間約50余年は，「理想の時代」として描かれ，「原型としてのイスラーム」として論じられる[小杉 2006: 45]。ウンマは「属人」概念であるため，ムスリムが生活する地域すべてを包摂し，現代の国家が制定する国境の概念を保持しない。現在の難民・移民事象に照らすと，シリア難民もアフガニスタン難民も，さらにはインドネシア移民もムスリムであるという共通項をもって，ウンマの一部と認識される。「アラブ・ウンマ」と言う時は，アラビア語圏を包摂するため，例えばヨルダンに逃れたイラク難民や，シリア難民といったアラブ性を保持する人々をウンマの共同体の一部とみなす。一般には，ウンマはイスラームを信仰するムスリムの共同体であるため，イスラーム世界で多く発生している難民は，国境線に左右されず，ウンマの一部として扱われると考えられる。

　次に，イスラームにおいて国家及び主権（siyāda）がどのような位置にあるか確認しておきたい。イスラームでは，全ての主権は神に属するとされ，人間にはその神の主権の代理権が与えられる[小杉 1994: 30-44]。主権の代理権である「主権行使権」はウンマ全体に付与されるため，神の主権と人間の「主権行使権」という「主権の二重構造」が生じる[小杉 1994]。通常の近代国民国家システムでは，国民を代表する統治機関としての政府を通して国家が主権を保持し，国民主権の原則を実現する。イスラームでは，近代国家設立時において近代憲法的な意味での主権の保有者を誰と想定するか，ウンマの実態と理念が乖離する中で様々に議論されている。また，「主権行使権」を有するウンマはイスラーム法によって規定され，イスラーム法がウンマを包含する。イスラーム法とウンマは相互補完的でありながらイスラーム法がウンマの上位にある構造から，「主権行使権の二重構造性」が指摘される[小杉 1994]。ウンマはイスラーム法を行使する執行権を持ち，イスラーム法

の実際の適用に執行機関としての国家を設定する。国家は主権の「手段」として認識され，ウンマの執行機関として位置づけられる。すなわちイスラームにおいては，イスラーム法，ウンマ，国家の順に統治の実践が思考される。

　ウマイヤ朝以降，統治権をウマイヤ家が独占し世襲の君主制と化したことから，執行機関としての国家とウンマに乖離が生じた。また，現在では国民国家が中東を覆い，国家の統治機能の肥大化が指摘されている［Ayubi 1995: 21-35］。これまで中東アラブ世界では国家の統合を図るべく様々な思想や運動が登場し，アラブ民族主義や動的で宗教性を備えた一国ナショナリズム，現在では両者を積極的に再定義する試みを持つイスラーム復興の動きへと続いている［末近 2005: 37］。国民国家の自明性が指摘されながらも，グローバル化が進み国家の相対化が進むポスト・ナショナリズムの時代を迎えつつある今，中東諸国はどのような国家を模索するのかが大きな注目点となるだろう。

4-2　グローバル化の逆説——移動の管理と限界

　現代のグローバル化の進展にともない，資本，モノ，情報，サービスは国境を越えて移動している。グローバル化，すなわちグローバリゼーションとは，「地球的規模における相互依存の成立・深化」を意味する［正村 2009: 3］。ヒト・モノ・カネの流通は世界的なものとなり，情報も世界を一瞬にして駆け巡る。また，多国籍企業や国際非政府組織，国際組織等の様々な主体がグローバルに活動を行なう時代にある。グローバル化の進む今，われわれはパスポートを片手に比較的安価な航空券を見つけ，世界中どこでも旅をすることができる。一方で，本書が一貫して取り組む「難民」の移動は，移民や出稼ぎ労働者同様に，決して自由ではない。グローバルな人の移動が活発になっていることは疑いようがないが，世界的な金融市場，情報網，交通・流通網が形成されていく中で，労働市場は未だ開かれているとはいえない。こうした変化は，包摂と排除の両側面を持つ国民国家群による人口政策や国籍管理に始まり，労働力の供給については自国民優先の政策をとる動きと同時並行的に起きている。少子高齢化による人手不足から労働力を海外から呼び込む動きもあるが，難民や移民は安全保障上の脅威として各国にとっては厄介

な存在と捉えられる場合も多い。情報，モノ，カネの国際的な移動が，ヒトの移動を加速させる一方で，開きつつある国境壁の穴は依然として存続し，各国政府はこれを制御しようと試みを続けている。人の移動をめぐり，グローバル化の逆説が生じているのである。

中東で継続的に発生している難民は，国内また域内での戦争や内戦が後を絶たず，情勢の安定しない状態が続いていることに起因する。国境を越えた難民は，大半が中東地域内に滞留するものの，欧米を中心に第三国定住の道を選ぶ者も少なくない。現在欧米ではムスリム難民・移民と国民との間での社会的断絶が問題化し，例えばドイツでは両者が交わらない「平行社会」の存在が指摘され，広がりゆくイスラーム社会・コミュニティをどのように扱うか，社会統合をどう図るかは大きな課題となっている。いまや欧米で生まれた２世・３世がコミュニティに存在し，彼らはリベラルで世俗的な欧米社会へと順応していくことが多く，伝統的な生活スタイルや価値観を重んじる先代との間で確執が生まれているともいう。同時に社会に馴染めず孤立を深め，ISのリクルートに取り込まれたり，テロを起こす若者がいるのも事実である。中東域内では，難民状態の長期化が指摘され，国境を越えることすらできずに危険にさらされているIDPの問題は深刻である。中東が抱える長期化難民やIDPの数は膨大で，情勢不安な状況が続く中で，帰還の目処も立たずに解決の道筋は立っていない。グローバル社会が抱えるのは，難民問題とこれに派生して生じる社会統合，長期化状態，国内避難民，無国籍者，とその問題群の範囲は広がり続けている。

5　おわりに

本章では，難民の存在と実態が，まさに構造的矛盾を抱える国民国家の世界的な成立によるものであり，中東ではこれが特に顕著であることを論じてきた。難民の定義は拡大し，乗じて援助対象者は増加し，難民保護のレジームや難民問題そのものも様々な変容と揺らぎを見せてきた。国際社会の前提として国民国家体制が世界に隙間なく敷かれている現代においては，一度戦争が起きて国民国家の枠組みが揺らぐと，人々の難民化が生じる。

中東は 10 年に一度は大きな戦争を経験し，戦争や内戦に彩られる地域であった。度重なる戦争や内戦の度に中東からは多くの人々が難民化し，難民問題の最前線に位置し続けてきたのである。また，国際社会の難民保護レジームは，難民の定義を拡大し，ともなって支援者の対象を広げ，人道支援を展開してきた。しかしながら，1951 年に採択された難民条約を基礎に据え，国民国家の存在を前提にして難民に対するあるべき責任を論じる姿勢は変わらず，恒久的解決策は限界を見せている。複合化且つ多様化という時代的変容に接する難民事象に対して，決定的な解決策は見出されないまま，われわれは大量難民時代にある。イスラームには伝統的に庇護を提供する寛容な文化的空間があり，イスラームの伝統的社会における庇護提供は，現代の難民条約とも調和性を有していた。国民国家体制に組み込まれた中東は，枠組みの揺らぎを見せ続け，「アラブの春」を経た現在も枠組みの模索が続けられている。難民問題の根源であるパレスチナ問題の解決も見えず，中東は今後も難民問題の中心的存在に居続けることになるだろう。

第2章

熱帯乾燥域としての中東
―――イスラームの都市性―――

1 はじめに

　中東とはどの範囲を指すのか，またその名称自体が持つ性質については多くの議論がなされてきた。19世紀にヨーロッパによって各地で植民地支配が進められ，国際政治の中核となっていた頃，世界は，ヨーロッパを中心に位置づけられていた。となれば，中東から日本を含むアジアに至るまでの地域は全て東に位置するということになる。日本は東の極にあるために「極東」，中東は東の世界の中央に位置するために「中東」となるのである。本書では，一貫して中東という語を用い，その地理的広がりはアフガニスタン，イラン以西，トルコやアラビア半島を含む西アジア，北アフリカ一帯を念頭に置く。また，イスラームの広がりを重視する際には，中東イスラーム世界を用いるが，基本的には中東と同義の下で用いる。

　中東は，7世紀のはじめにアラビア半島の商業で栄えた都市社会で誕生したイスラームが，様々な分野で知を創出し，イスラーム文明が築かれた地域である。イスラームはみるみるうちに勃興し，アラビア半島から出た軍政が地域を征服し，イスラーム化が進んだ。同時に，このプロセスは聖典の言語であるアラビア語とアラブ人統治者の影響により，多くの場合にアラブ化を

ともなった。つまり，軍政が大征服を行なう前は，中東地域は非アラブ世界だったのである［小杉 2011］。一時は版図を現在のスペインまで広げ繁栄を見せた中東イスラーム世界であるが，1798年のナポレオンのエジプト遠征やフランス軍との戦いにおけるマムルーク軍の敗退を通じて西洋近代との力の差を認識することとなる。軍事力や科学技術の西洋との力の差は歴然で，中東イスラーム世界はイスラーム文明の危機を感じ取る。文明的な優位が傾いたことは，イスラームの宗教的な危機としても広範に捉えられることとなり，現在までイスラーム改革が進められていくことになった。そしてついにオスマン帝国は衰退し，西欧列強の進出と介入に至る。

　本章ではイスラーム文明が築かれ，現在は中東諸国家群として存在する中東地域をその生態環境の特質から考察する。熱帯乾燥域に属す中東は，都市をその中心的存在として有する社会生態空間を生成してきた。モノや情報，人々は都市に集中し，交易を中心にして発展してきた中東イスラーム世界は，世界に開かれた都市のネットワークを形成してきた。現在ではしばしば超域性という概念のもとで，グローバル化にともなう人，モノ，情報のトランスナショナルな流れの様態分析などが行なわれているが，中東イスラーム世界はかねてより超域的な都市中心の世界で，様々な民族や宗教を包摂してきたのである。本章後半では，オスマン帝国が崩壊し，現在の中東を形成する地域が西欧列強の植民地化を経て分断されていく過程を，特に後の章で扱うヨルダンを事例にその成立過程を精査する。同時に，中東イスラーム世界の都市を中心とした超域的な側面は，いかにして生成されたのか，また現代ではどのような状態にあるのかを考察する。

2　中東の起源とその形成
―― 結節点としての都市 ――

2-1　イスラーム文明に見る中東の成立 ―― その都市的性格

　イスラームは都市の文明である。1989年から91年にかけて行なわれた共同研究「比較の手法によるイスラームの都市性の総合的研究」は，イスラームの都市性に焦点が当てられた先駆的な研究であった。本研究は「イスラー

ム文明においては，その都市的性格が最大の特徴をなしている」と結論づけている［板垣 1992］。イスラーム文明は，古代オリエント文明やギリシア・ローマ文明の果実を受け継ぎながら，それらを内に継承してきた［板垣 1992; 布野・山根 2008］。大征服によるイスラーム世界の拡大に特徴的であった点は，先述したような「先行文明の遺産を新しい世界観・社会観に奉仕せしめるように役立てて」いったことに見出すことができる［小杉 2011: 58］。イスラームは，部族社会であったアラビア半島の商業都市マッカで，預言者ムハンマドのもとで誕生した。ムハンマドは半島を統一し，その後1世紀半の間に東は中央アジア，西は現在のスペインにあたるイベリア半島までをも征服した。元は部族同士が拮抗し且つ多神教徒が多数存在していたアラビア半島を統一し，さらに広範な版図への拡大を可能とする独自の文明を築くに至った理由として，以下の6つが指摘されている。すなわち，①徹底した一神教と人間の平等性，②商業的な合理性，③多宗教の包摂，④アラビア語，⑤イスラーム法，⑥ウンマ，である［小杉 2011: 58-70］。ここで特に言及したいのは，商業的な合理性，アラビア語，ウンマである。

　第一に商業的な合理性について，イスラームは商取引の契約を重視する倫理を基礎としており，商業や利益追求を肯定している。イスラームの聖典クルアーンには，経済活動に関する具体的な規範や規定を明示している章句が多く見られ，商売・経済活動を推奨している。イスラームがリバー（ribā）を禁じていることは広く知られるところだが，これが記される章句には「アッラーは商売をお許しになり，リバーを禁じた」【雌牛章第275節】とある[(1)]。商売を推奨する一方で，いかなる取引においても利子の介在を排除するという規定を明確に示している［長岡 2011］。等価交換の原則，不労所得の禁止を背景にしたリバーの禁止は，現代にまで通ずる高利貸しの規範的・倫理的問題を的確に認識し，公正な経済活動を重視している。また，このような商業的な合理性や普遍性は，イスラームの社会観に深く関連している。「商業的・経済的な倫理によって，信仰を説明し，その意義を説得する」クルアーンを持つイスラームは，「宗教と経済が統合されているような社会観」を内蔵しており，「教経統合論」として捉えられている［小杉 2011: 60-61］。イスラームが誕生したのも，経済活動が主に担われたのも都市であり，本質的に

「市」の機能，交換・交易の場所という特性を備えている都市［布野・山根 2008］がイスラーム世界の中心に位置し，教義にまで反映していることが分かる。現に，イスラーム世界は「市」の世界として，商業都市マッカやダマスカス，カイロをはじめとする結節点としての都市を有してきた。商業の推奨は，交換と交易の場としての都市を息づかせ，活発な移動とネットワーク形成を可能にしたのである。イスラームにおける商業的な合理性は，イスラームが都市の文明であると言われるひとつの大きな理由として捉えることができる。

　次に挙げたいのが，アラビア語という要素である。アラビア半島で誕生したイスラームが，大征服の後に版図を拡大したことは，地域にイスラームとアラビア語を持ち込み，双方の浸透をもたらすこととなった。アラビア語はイスラームの聖典クルアーンの言語であり，イスラームの影響下に入った多くの地域では，イスラーム化にともなってアラブ化が，またアラブ化がそれ自体として起きた。(2)同時発生的もしくはタイムラグを経て起きたこの現象は，アラブ人統治者の影響も加わり，イスラームへ改宗しない人々も同時にアラブ化した。聖典の言語であるアラビア語は，アラブ人の独占から離れ，非アラブ人への浸透をも可能とした［小杉 2011: 64］。アラビア語が浸透したことで，「市」としての中東イスラーム世界は活況を呈し，都市の空間もまた発展していったのである。

　こうした歴史的経緯は，アラブ地域が必然的に多くのアラビア語話者を抱えるようになり，聖典の言語としての側面ゆえにイスラームの拡大にもつながった。様々な民族や多宗教を包摂したイスラーム世界だからこそ，現在まで少数派の存在は認められるものの，アラビア語の話者数は世界言語の中でも上位に位置する。(3)アラブ地域はもちろん，イスラーム世界の広い範囲で，アラビア語を通じて意思疎通を図ることができる。また，1990年代後半以降に衛星テレビが広まったことや，インターネットや携帯電話の普及が，イスラーム世界において新たな言説空間を登場させただけでなく，情報の交換を格段に発展・活発化させたことを付け加えておきたい。

　最後に，ウンマの概念である。ウンマは，イスラーム文明に固有の概念として，イスラームに帰属する成員を全て包摂し，政治権力を樹立し，公正な

秩序を確立する［小杉 2006; 2011］。イスラーム文明を成立せしめた要素を「容れている容器」であり，また「それらの要素を実現する主体」でもあり，ウンマの持つ言葉の意味と大きさがうかがえる［小杉 2011: 70］。ウンマをどのように構想するかは，アラブ世界の思想家の間で重要なテーマとしてあり続け，理念レヴェル及び現実のレヴェルでは競合と対立の現状に直面している。汎アラブ主義が興隆した50年代を中心に，アラブ民族の連帯を強調し「アラブ・ウンマ」が唱えられてきたし，国民国家の枠組みやネイション形成の強化は，ワタニーヤ（ワタン主義，国民意識に基づくナショナリズム）と結び付いて使われることもあった。イスラーム復興が起きると，「イスラーム・ウンマ」が強く主張された。軸をどちらに置くか，すなわちアラブ意識かイスラーム意識か，どちらにせよウンマをめぐって理念と現実とが拮抗し，その統一への議論がなされている。いずれにしても，ウンマ理念が地域をつなぐ概念として重要な意味を持ち，イスラーム文明形成への大きな力と成り得たことは疑いがないだろう。

　以上のような要素は，イスラーム文明の形成を可能にし，移動とネットワークの形成をも可能にした。さらに踏み込むと，こうした要素は広大な沙漠と希少な水資源に代表される熱帯乾燥域という生態環境の中で生成された。熱帯乾燥域という生態環境がもたらしたイスラーム文明の特徴にも，オアシス都市を中心に繁栄し発展するという，都市の発展とそのネットワーク形成がある。熱帯乾燥域では，遊牧文化に見る遊牧・牧畜業，農耕に十分な水の確保が可能な主に河川沿いでは農業が栄え，商人や職人による商工業が，交換や集積の場としての都市を結節点にして「市場圏」を形作った。広く沙漠に覆われた地域であり，アラブ人が遊牧的な移動能力を有していたことから，これを活用したキャラバン貿易が行なわれ，これらの集積として都市が決定的な役割を持っていたのである。また，都市は多くの住民の居住を可能にするためには欠かせない水源を備え，商人や貿易商人だけでなく，巡礼者や旅人の休息地としても機能した。イスラーム文明は，「都市，農耕・農村，遊牧文化――あるいはより抽象化して，都市性，農耕性（農民性），遊牧性と呼ぶこともできる――という三項をつなげて」おり，イスラーム文明の特徴としての「三項連関」が認められるのである［小杉 2011: 90］。中でも中心と

なったのは，広大なイスラーム世界をつなげた都市であり，これが地域の中心に存在した。まさに，中東イスラーム世界は都市のネットワークに覆われていたのである。「都市と都市間ネットワークがイスラームを支える基礎」［布野・山根 2008: 15］を形作り，その上に中東イスラーム世界は成立したといえる。

2-2　イスラーム都市論の展開

　イスラームの都市性の指摘は，分野の垣根を越えて広く指摘されつつある。中でも，都市研究・都市論の分野で，イスラーム都市論として議論の発展を見せ，これまで多くの研究蓄積がなされてきた。中東イスラーム世界の成立には，都市の存在とそのネットワークが重要な役割を果たしてきたことは先に述べたとおりであるが，時代を現代に進めてもその性格は失われていない。なぜなら，人の居住を可能にするだけの水資源があるところにのみ人は集中し，都市は造られるもしくは自然発生するのであり，熱帯乾燥域という生態環境に中東地域の人の居住は依存するためである。

　イスラーム都市の概念は，1920年代から整理され始めるが，源流としては19世紀から20世紀のはじめにかけて始まったマグリブ都市の調査・研究蓄積が挙げられる［羽田・三浦 1991］。フランスの植民地化にあったマグリブは，主としてフランスをはじめとした列強の研究対象下とされた。これに見られる歴史観を，私市は「都市（民）と非都市（民）の分離，対立」と，ヨーロッパ社会より遅れているとする「イスラム社会の停滞性」という2つの要素から成り立っていると指摘する［私市 1991: 36］。このような歴史観は，イスラーム都市論の先駆者として1920年代の議論の先頭に立っていたマルセーズの以下の議論に要約される。すなわち，「イスラームは本質的に都市生活に適合した都市の宗教であり，遊牧生活を軽蔑し，疑う宗教である。それは，預言者ムハンマドが遊牧民を嫌悪し，敵視したことにも表われている。イスラームが都市の宗教である以上，イスラームの拡大は必然的に都市の建設をともなうことになる。都市の要素はジャーミー（集会モスク），スーク（市場），ハンマーム（公衆浴場）である」というものである。遊牧民は敵視され，文明化した都市民と野蛮なもしくは非文明的な遊牧民との対立関係を

指摘し，イスラームが都市の宗教であると主張されてきた．さらに，中世ヨーロッパ社会の都市研究でウェーバーらが研究したコミューン（自治）機能と，その基本構造として都市を成り立たせたギルド（同業者組合）組織を引き合いに，イスラーム都市におけるコミューン的機能及びギルドへの注目が集まった．代表的な研究として，マシニョンはイスラーム都市の基本をスークに見出し，西欧中世都市のようにコミューンとギルドが機能していたと主張した一方で，グルーネバウムは双方の機能を否定し，宗教的な理念によって統合されるような一定の自治機能の存在を認めた．いずれも，「イスラーム都市」というモデルは，欧米を中心とした研究者によりヨーロッパ都市をモデルにしてそれを比較対照する形で静態的に捉えたモデル構築がなされてきたことが分かる．オリエンタリズム的な二項対立が存在し，西欧中心主義の側面から一面的で歪んだ歴史観の下に，「イスラーム都市」の理論モデルは組み立てられていった．

　これらの研究潮流を受けて，「ヨーロッパ中世都市→近代都市という「典型」的発展からの偏差として配置される「イスラーム都市」概念の罠のいましめ」［板垣 1992: 9］を解き放つべく，1960年代よりこれまでのオリエンタリズム的で二項対立的な「イスラーム都市」論に対して厳しい批判が出はじめる．二分法を超えて，イスラーム都市を捉え直す試みは，「イスラーム都市」の存在や「イスラーム都市」の概念そのものを問い，疑う姿勢も生み出した．日本で取り組まれた共同研究である「比較の手法によるイスラームの都市性の総合的研究」[6]は，イスラームの都市性を指摘し，イスラーム都市研究の日本での先駆的な成果として位置づけられる．結論としては，「イスラーム都市」という概念の固有性に疑問を提示し，固有の形態としてモデルを打ち出すのは難しいとするものであった．広大で多様なイスラーム世界全体に通用する単一都市モデルを想定することは不可能で，現代のイスラーム世界の都市を「イスラーム都市」と規定することは難しいとされる［店田 2009: 678］．

　一方で，1980年代後半からはこれまでのオリエンタリズム的イスラーム都市論を批判しながらも，新たな提案を試みる研究が現われる．イスラーム圏の都市はなぜ似ているように見えるのか，どこが似ているかという本質的

な問いを提起したアブー・ルゴドや［Abu-Lughod 1987; 1989］，都市建設や都市生活のガイドラインとしてイスラーム法が果たす役割を実証し，「アラブ・イスラーム都市」の概念が成立するとしたハキームの主張が挙げられる［ハキーム 1990］。迷路のように曲がりくねった道路網，袋小路，中庭構造等は，イスラーム法のプライバシー保護の原則によりつくられており，一見すると混沌とした迷路のような街区の無秩序性が疑われてきたイスラーム都市の構造に，秩序の存在を指摘したハキームの研究は興味深い。

イスラーム都市の概念は，疑問を呈されながらも，共通性や特徴を求めるべく相対的に捉え直されてきている。モスクを中心として，マドラサやスークが併設され，聖と俗の空間が一体化している側面や，主として歴史研究の分野でかつてより取り上げられてきたワクフ制度による建築物についてなど[7]，イスラーム圏の都市には興味深い点がいくつもある。イスラーム都市研究は，現在も様々な分野から取り組まれており，最近では都市化にともなう種々の都市問題への言及も見られる。イスラーム世界全体では，近年都市化の急速な進展が報告されており，都市人口率は1950年の25％から75年には45％，西アジアでは2025年には80％へ到達すると予想されている［店田 2009: 681］。イスラーム文明の三項連関においては，都市の項の肥大化が著しく，都市化は今後もさらに進行するものと考えられる。

2-3　都市を拠点とした超域的中東の存在──イスラームの空間概念

イスラーム世界には都市を拠点とした活発な人の動きがあった。定性的な人間移動のカルチャーの条件を備え，商売，巡礼，遊学と様々に人が行き交い，彼らは「出会いと変換の場」としての都市に集まる［三木・山形 1984］。イスラームの倫理には，沙漠地域を移動する人々を有するがゆえに，互いに希少な水資源や食料を分け合うという，地域での生存確保に欠かせない要素が含まれている。旅人へのザカート（喜捨）配分の義務付けや，隊商宿の公的保護は，熱帯乾燥域という過酷な生態環境の中を移動する人々を日常的に包摂してきた中東地域の様相をよく表わしている［小杉 2011］。活発な移動は，都市を拠点として行なわれてきたし，現在も行なわれている。沙漠地帯の通行は，かつてはラクダなどの大型家畜を用い隊列をなして行なわれてき

たが，現在は交通網と輸送手段の発展により専ら車に置き換わっている。経路は道路経由になったものの，都市間を移動する形態は大きく変化していない。かつて熱帯乾燥域で活躍した沙漠の横断や運搬手段としての大型家畜の存在と牧畜文化は，国際的な商業ネットワークを作り出した。家島は，イスラーム世界の成立と海域を通じた国際商業ネットワークの形成や，沙漠と文明の関係について精力的に明らかにしている［家島 1991］。すなわち，家畜力による商交易文化は，広く乾燥域に展開され，海沿い及び河川沿いに貿易路を結ぶ都市が発展し，沙漠地帯ではオアシス都市が中継地としての役割を果たした。都市同士にネットワークが張りめぐらされ，点で結ばれた世界が存在した。

　さて，イスラームにおけるウンマは「属人」概念であるため，ムスリムが生活する地域全てを包摂し，現代の国家が制定する国境の概念を保持しないことは前項で指摘した。存在するのはダール・アル＝イスラームとダール・アル＝ハルブで，イスラーム世界と非イスラーム世界を分類する領域の概念として用いられてきた。これらの概念からは，イスラームの力が及ぶ範囲を空間的に認識する世界観の存在が分かる。ダール・アル＝イスラームの中には多様な人々が包摂されており，宗教や民族にかかわらず，彼らの安全は保障されていた。また，独自の信仰，組織の存続も認められていた。イスラームは法的・政治的な側面を包括した社会のシステムそのものであり，ウンマは精神性と暮らしの両方の機能を兼ね，信徒でない人々をも契約により保護する寛容で自由度の高いものである。イスラームのウンマが持つ寛容さは，「極めて限定された原則に抵触しない限り，生活レベルの部族，あるいは村・同職組合・近隣共同体，そういった暮らしの具体的な必要に応じた下位の生活共同体が形作られたり持続したり，あるいは条件が変わって，消え去ったりまた作られたりすることは全く自由」な世界であった［三木・山形 1984: 307］。自由で流動的な社会とその移動は，イスラームの寛容さによって生み出され，中東イスラーム世界を特色づけている。身の危険や安全の確保が困難になった場合も，都市間をある程度自由に移動し，移動先の都市では包摂されてきた。現在は難民化と呼ばれるが，イスラームの寛容且つ流動的な社会における人々の移動からは，難民という枠では収まりきらない彼らの

存在とイスラームやアラブに根付く彼らを包摂する社会の存在が浮かび上がる。

3 熱帯乾燥域における空間と移動
　　――生態的特徴の把握――

3-1 中東を規定する熱帯乾燥域――生態環境への着目

　中東が属するのは，熱帯乾燥域である。広大な沙漠とオアシス，乾燥した気候に特徴される熱帯乾燥域であるが，地形や気候，植生においては地域毎に多様性も併せ持つ。気候の多様性は，密生湿潤林から沙漠地帯に至るまで，植生に注目するとより明らかになる［Batanouny 2001］。中東には，リビアとエジプトにまたがるサハラ沙漠とアラビア半島を中心に広がる広大な砂沙漠であるシリア沙漠の代表的な2大沙漠が存在する。**図2-1**は降水量が100ミリ以下の地域と100から240ミリの地域に照らし，中東に広がる沙漠を表わしている。

　実にほとんどの地域が降水量の低い環境であることが分かる。参考として，日本の年間平均降水量は1718ミリ，世界平均が880ミリであるのに対し，例えばサウディアラビアは年間平均100ミリ，エジプトは年間平均65ミリと非常に少ないことが分かる。[8] 年間平均250ミリを下回る地域では，天水による灌漑は不可能に近い。灌漑を用いない農業は，毎年平均400ミリ以上の降水量を保持する地域にのみ適用できる。250ミリから400ミリの年間平均降水量を保持する地域では，灌漑を用いない農業は非常に不安定で失敗する可能性が高いとされている。すなわち，**図2-1**に見られるように，シリア・イラクの一部やイラン，イエメンなど印がついていない場所では降水量は250ミリ以上であり，農業を営むことのできる地域であるということが分かる。

　気候は，暑くて乾燥した気候が一年の大半を占め，高温且つ乾燥していることが特徴である。日差しは強いが，乾燥しているために木陰などに入ると涼しい風が心地良い。乾燥にも様々な度合いがあり，冬になれば雨が降る地域もある。降雨は特に高地で多く，アナトリア地方，イランのザグロス地方

図 2-1　中東地域における降水量分布図

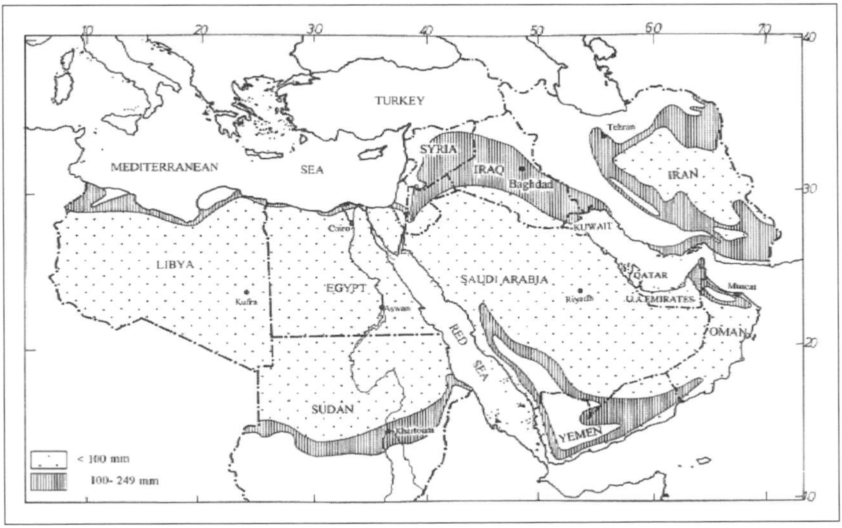

(出所)　Batanouny [2001: 6]

やエルブルズ山脈，イスラエルや西岸地区などが挙げられる。ヨルダンの首都アンマンやエルサレムでは冬になると降雪が起こることもある。過去には春になり溶けだした雪解け水が，チグリス・ユーフラテス川流域に洪水を引き起こしたことも確認されている。

　中東は，降水量も低く乾燥して暑い気候が続く地域であるため，水の希少性は言うまでもない。水は生物が生存するために欠かせず，沙漠の土地に度々出現するオアシスに見るように，水源が存在してはじめて人間が居住することのできる土地となる。さらには「水源の規模と性質によって，農耕が可能であるか遊牧が主とならざるをえないかなど，生業が規定される」[小杉 2011: 6]。乾燥地域では，チグリス・ユーフラテス川流域を中心として発達したメソポタミア文明に見るように，水資源の豊富な大河流域を中心にした人類の初期文明が形成された。嶋田は灌漑文明としての乾燥地文明として注目されてきた文明について大河流域周辺に注目し，「周辺に広がる広漠たる乾燥地で営まれてきた牧畜文化の有する文明形成力」[嶋田 2009: 104] を

第 2 章　熱帯乾燥域としての中東　　53

指摘している。また，人類の移動史の観点からは，広漠たる沙漠と海域・流域を中心に発達した交易都市，それらをつないだ様々なネットワークの存在が，世界中の交易都市を経路として人やモノの流通を可能にしたことが指摘されている［家島 1991; 嶋田 2009］。前節で述べてきたように，イスラームの都市性は，中東イスラーム世界が属する熱帯乾燥域という生態環境に規定され，利用された結果ともいえる。近代化が進み，現代では都市化や人口増加・集中といった様々な要因が新たに発生しつつも，地域の生態環境としての熱帯乾燥域は変わらない。熱帯乾燥域へ属することによる種々の特性や制約は，現代にも通じ，人々の生活・移動・居住を規定する一要素となっている。

　次に本書で扱うヨルダンの生態環境についても概観しておきたい。ヨルダンの生態環境は南部と北部に大きくその特徴を分かち，ヨルダン川とその支流が重要な水源として位置づけられる。ヨルダンの地理的状況は四方をイスラエル／パレスチナ，シリア，イラク，サウディアラビアという大国に囲まれている。前身は英国の委任統治で半保護国のトランス・ヨルダンであるが，1946 年に独立し，1948 年にはヨルダン川西岸地域を併合，翌年ヨルダン・ハーシム王国（al-Mamlaka al-Urdunnīya al-Hāshimīya）と改称し現在に至る。

　ヨルダンの最大の都市はアンマン（'Ammān）であり，最大の人口を抱えるだけでなく，首都として経済や政治の中心を担い，重要な位置を占める。都市アンマンの運営は，つまりヨルダン国家の運営へと直結するのである。アンマンは標高も高く，10 月頃には降水，また頻度は少ないが冬には降雪も見られる。しかしながら，ヨルダン全体として水資源の枯渇は常に問題となっている。アンマン上部のアジュルーン地区を中心に，北部には降水量の高い地域が集まっているため，人口密集地は北部に集中し，生態環境も豊かである。逆に，南部は沙漠地帯が多く，サウディアラビアやイラク・シリアとの国境一帯は沙漠地帯であり古くから遊牧民が生活をしていた地域である。

　水資源の問題で見ると，中東は，同資源をめぐり世界で初めて紛争が勃発している地域でもある。水の希少性は地域全体にとって死活的な問題として存在し，増加を続ける人口と都市化による都市運営への各国の負担は大きい。

ヨルダン川は，「数々の歴史的な興亡の舞台であり，イスラエルとアラブの水利権抗争を背景とした1967年の第3次中東紛争のきっかけ」となった国際河川である［村上 2003: 119］。本河川は中東国際紛争の中核地域に位置し，レバノン，シリア，イスラエル，ヨルダン，パレスチナ（西岸）を貫流する内陸・地溝性の構造を持つ延長360キロメートル，流域面積4万2600平方キロメートルを有する。海抜マイナス410メートルに位置する死海を流末とする流出口のない内陸閉鎖水系の国際河川であり，レバノンとシリアの国境をなすアンチレバノン山脈の南端ヘルモン山（2812メートル）中の湧泉群に水源を発している［村上 2003］。水源地帯のレバノン山脈では年間降水量が1000ミリ程度であるが，流域のほとんどは典型的な半乾燥地帯に属しているため，最下流の死海周辺では年間50ミリまで減少する。現在，ヨルダン川の水源はイスラエル領にあり，かつては湿地帯であった標高0メートルのフラー渓谷を南流し，チベリアス湖に入り再び南流している。イスラエルは流域面積の僅か3％を占めるにすぎないが，ヨルダン川水系では最大の3.75億立方メートルの暫定的な国際水利権を有しているとされる［村上 2003］。イスラエルは，第3次中東戦争による軍事占領によって上流の水源地帯（バニアス川，ダン川，ハスバニ川）の年間平均流出量5億立方メートルの大部分を国際水利権の範囲を超えて利用しているのである。さらには，占領地ゴラン高原と西岸の水資源を国家レベルの水供給システムに組み込んで利用しているため，中東和平交渉の中では「土地と平和」の交換にとどまらず，「土地と水と平和の交換」にまで踏み込んだ解決策が具体的に求められている。

　かつて，ヨルダン川を軸に東岸と西岸に分けられ，東岸とその後背地一帯がヨルダン，西岸はパレスチナとして英国の支配が及んだ。その後ヨルダンは独立し，首都アンマンを中心に，開発と発展は著しく進んだ。同時に人口増加にさらされた都市は，水道設備の普及に追われ，水資源の確保が急務となった。水を貯めておく大きなタンクがあちこちに設置され，個々の家にも屋上に水タンクが設置されている。熱帯乾燥域には水資源は欠かせず，人々の居住を可能にするだけの水資源確保は，現代においても必要条件として存在している。現在では技術の革新と発展により，地下水のくみ上げや海水の

淡水化など様々な方法で水資源の確保が可能になっている。拡大を続ける都市を支え，人々を養うための水資源確保は，時代を問わず熱帯乾燥域において欠かせないものなのである。

3-2　熱帯乾燥域における人々の移動経路

　国民国家システムが普及する以前は，世界の諸地域はそれぞれに固有の統治システムを持ち，人の移動はあらゆる場面で自由に行なわれていた。アラビア半島で誕生したイスラームは，宗教共同体と国家が同時に成立したため，宗教と国家を一体的に運用する発想が生まれただけでなく，イスラーム法が国家の上位に位置するという独自の体制が確立した。現存するのは列強の植民地支配を経て形成された擬制的な国民国家システムに基づく，国境の極度の人工性に代表される現代中東の姿である。しかしながら，広漠な沙漠が広がる生態環境と，都市中心型の特質は，国境線による領域主権国家が成立した現在も変わらない。われわれが目にする現在の中東では，戦争や内戦が絶えず変動が続いているが，政治的・社会的変動が絶えず続く状況は，統治の形態を模索し続ける過程の中で生じているうねりであろう。発生し続けている「難民」こそが，現代中東が変革途上にあることを証明しており，この地域のダイナミズムを体現している存在として捉えることができる。

　国境線やパスポート・コントロールの存在とその確立によって，われわれの移動が規定され且つ時に規制される事態が一般化するのは，それほど古いことではない。「それどころか，近代世界史の大部分は，現代の常識よりはるかに自由で動きの激しい，巨大なヒト，モノ，カネの移動の歴史」であったし，移民が国家を作る事態に至るような，人間の移動が世界を作った時代であった［杉原 1999: 4］。現在はパスポートや国籍というある程度制度化されたシステムによって，人の移動は規定されている。グローバル化によって自由になるのは専ら情報，カネ，モノである。

　「生まれ（剥き出しの生）と国民国家のあいだの隔たりがますます拡がっている」［アガンベン 2003: 239］現代において，中東から過去半世紀以上にわたり継続して発生している離散民・難民の存在は，大きな意味を持つだけでなく，中東政治を捉える上で注目しなければならない事象のひとつであり続

けている。同事象は，生態環境に即した本来の人の動きや，地域の統治形態や発展を踏まえた上で論じる必要があるだろう。人類の歴史は移動の歴史でもあり，人間は動的な生き物である。本来の人間が持つ生態環境に即した「可動性」の側面を考慮する必要性は，中東地域における人々の移動経路を見るとより一層感じられる。

4　ヨルダンの形成と地域の論理

4-1　地理的エンティティの分断――ヨルダンの成立

　熱帯乾燥域という生態環境を見て明らかであったように，中東は広大な沙漠を抱え，オアシス都市が点在する中に遊牧民が暮らし，河川を中心に農耕が営まれ，これらを交換する場所として都市中心の世界を築いてきた。ヨルダンは，そうした中東の成り立ちにおいては，それほど話題に上らなかった地域であるといえるだろう。オスマン帝国崩壊後，英国の委任統治を経て独立した過程で確立した領域であり，それ以前は，ヨルダン川両岸や支流であるザルカー川を中心に人々の居住が確認され，農業も行なわれていた。しかしながら南部を中心に広くは沙漠地帯に覆われていた[9]。当時は現在の都市アンマンも，アンマンを中心として統合される行政区も存在していなかったのである。オスマン帝国崩壊後，西欧列強による「シリア分割」，その後のトランス・ヨルダンとしての英国による委任統治下及び独立への移行を通じて，ヨルダン形成過程を見ていく。同移行が残したのは，歴史的に形成されていた緩やかな地理認識が，西欧列強の進出と国家群の成立によって分断されることでもたらされた，現代まで受け継がれる様々な負の遺産である。

　今日のシリア，ヨルダン，レバノン，イスラエル／パレスチナ，トルコとイラクの一部は，アラビア語でシャーム（al-Shām もしくは Bilād al-Shām）と呼ばれる地方であり，現在のシリア・アラブ共和国と区別するために歴史的シリアもしくは大シリア（Sūrīya al-Kubrā, Greater Syria）とも呼ばれる。歴史的シリアは，ダマスカスを中心とした緩やかな地理認識に基づく地域であり，ひとつのエンティティとして成立していた。「一つの地理的なエンティティとしての大シリアの存在」は，中東諸国体制として独立し

た国家群が存在する現代においても，地域住民のあいだで根強く認識されている［末近 2005: 42］。オスマン帝国が滅亡すると，大シリアはイギリスとフランスによる侵出を受け，それぞれシリア，ヨルダン，イラク，レバノンに分割され，イスラエルの建国及びパレスチナ問題の創出へとつながっていく。

オスマン帝国時代，現在のヨルダンはどのような位置づけにあったのだろうか。当時の行政区が示すように，現代ヨルダンを構成する領域は，都市ダマスカスを中心とした州に組み込まれていた。より詳しく見ると，北西部がオスマン帝国の属州の一部，それ以外の沙漠地帯はベドウィン地区であったとされる［北澤 2001: 110］。帝国に属していた地域は，シリア・ウィラーヤ（シリア州）の中のホーラーン・サンジャク（ホーラーン県）の南部分（アジュルン・カダー）とカラク・サンジャク（カラク県）にあたる［北澤 2001: 110］。シリア州の中心はダマスカス，また地域全体の中心はエルサレムであった。トランス・ヨルダン期になると，北からアジュルーン州，バルカ州，カラク州，マアーン州がヨルダン渓谷に沿って成立し，英国の委任統治下の影響を多分に反映する外部性の強い区分けが設けられた［北澤 2001］。英国にとって，トランス・ヨルダンは，パレスチナ委任統治領とイラク委任統治領とをつなぐ戦略上の橋として位置づけられたのである。最終的に英国は，ヒジャーズより預言者ムハンマドの血を引くハーシム王家のアブドゥッラー（'Abd Allāh ibn al-Ḥusayn）にトランス・ヨルダンの間接統治を認めた。このように，植民地主義による外的要因によって建国され，土着の王族を持たないこと，さらには中心的な都市を持たないことからヨルダンを人工国家と見る諸説がある［Harik 1990; Ayubi 1995］。歴史的シリアの一部という地理的状況と，中心都市を持たない大部分が沙漠地帯に覆われた地域であったヨルダンは，外部より国境を設置され，首都のアンマンまでもが作り出される人工的な形成過程をたどった。ハーシム王家の正統性と沙漠に暮らす部族の紐帯が主な要素となって，ヨルダンの形成は一から始められたのである。

列強による植民地化を経て形成された中東諸国体制では，先述したヨルダンのような人工性の高い国家，あるいは，恣意的に引かれた国境線により異なるエスニシティー・グループの居住を統合・分離するような状況が作り出された。西欧列強の思惑を反映した形で，今日のアラブ諸国家の領域的な枠

組みは確定されたといえる。その後の国家形成や国民統合への支障は，戦乱の絶えない現代中東という実態に反映される。中東では戦争のない時代はなかったといって良いほどに，戦争・内戦が起きている。パレスチナをめぐる争いは絶えず，ガザへの空爆も繰り返されている。第1次から4次にわたる中東戦争，ヨルダン内戦 (1970年)，レバノン内戦 (1975～90年)，イラン・イラク戦争 (1980～88年)，レバノン戦争 (1982年)，湾岸戦争 (1990～91年)，イエメン内戦 (1994年)，イラク戦争 (2003～11年)，2011年に各地で起きた「アラブの春」は政府側と反政府勢力が頻繁に衝突し，シリアでは内戦，オマーンでも不穏な動きが絶えない。また，アフガニスタンでは1979年のソ連侵攻から内戦へともつれ，2001年からはアメリカの同時多発テロを受けてテロ組織との戦いの場として紛争が続いた。現在も不安定な情勢にあり，アフガン難民の数はパレスチナ難民に続く数となっている。

　民族や宗教の多様な人々を包摂してきたイスラームは，オスマン帝国としての最盛期を経て，列強に分割された。列強の利益が強調された分割は，地域の民族や宗教的帰属を全く無視する形で行なわれ，中東諸国体制を作り出したのである。さらには，イスラエルの建国によってユダヤ人入植が進み，パレスチナ地方からは大量の人々が流出する事態となった。中東では戦乱が絶えないため難民の創出・受入共に世界の中でその数の大半を占める当事者として存在している。戦乱の継続的な発生は，政治的・社会的変動が絶えず続く状況として捉えることができ，これらの変動は統治の形態を模索する過程の中で生じているのである。

4-2　分断後の国家類型

　歴史的シリアは分割され，シリア，イラク，レバノン，パレスチナ／イスラエル，ヨルダンへと再編された。各国のたどった歴史は異なるが，いずれも植民地支配を経て独立したもので，西洋的な国民国家の体裁を取る。次の表2-1は，歴史的シリアに位置し現在国家として存在するシリア，イラク，レバノン，ヨルダンの各国憲法から，主権，宗教，民族に関する条項を一覧にしたものである。

表 2-1 歴史的シリアに成立した諸国憲法における主権・宗教・民族

国名	対象憲法（制定年）	政体	主権	宗教	民族・言語
ヨルダン	ヨルダン・ハーシム王国憲法（2011年9月29日改正）	[1] 主権を有した独立アラブ国家／統治体制は議会制且つ世襲の君主制	[1] 主権を有した独立アラブ国家	[2] イスラームは国教	[1] ヨルダン国民は、アラブ・ウンマの一部 [2] アラビア語は公用語
シリア	シリア・アラブ共和国（2012年2月15日改正）	[1] シリア・アラブ共和国は、完全な主権を有する民主国家／大ワタンの一部 [2-①] 国の統治体制は共和制	[2-②] 主権は人民に属し、どの個人や集団も、自らのものとしてその主権を主張することはできず、人民の、人民による、人民のための統治原則に立脚する／[2-③] 国民は、憲法で定められた限界と形式の内で、主権を行使する。	[3-①] 共和国大統領の宗教はイスラーム	[1-②] シリアの国民は、アラブ・ウンマの一部 [4] アラビア語は、国の公式な言語
レバノン	レバノン共和国憲法（1991年9月改正）	[1] レバノンは独立国家であり、不可分な統一性と完全な主権を有する、[4] 大レバノンは共和国	[前文 D] 国民は権力の源泉且つ権威の保持者であり、憲法の諸制度を通じて行使する。	[9] 良心の自由は絶対、国家は全知全能の神に感謝し、全ての宗教及び宗派を尊重	[11] アラビア語は公用語である。フランス語が使用される場合は、法律によって定められる。
イラク	イラク憲法（2005年改正）	[1] イラク共和国は独立した1つの連邦国家であり、完全なる主権を有し、その統治体制は議会制民主主義の共和制	[5] 法の支配が存在し、国民は権力と法の支配の正当性の源泉である	[2] イスラームは国家の公式の宗教であり、立法上の基本的な法源	[3] イラクは多民族、多宗教、多宗派を有する国家である。イラクはアラブ連盟の原加盟国で、その憲章作成に携わった、またイスラーム世界の一員である。[4-1] アラビア語とクルド語の2つはイラクの公用語である

（出所） 各国憲法より筆者作成。

シリアでは，2011 年春頃から体制に対するデモが発生したことから，憲法改正の動きが見られた。本分析で取り扱ったのは，2012 年 2 月 15 日付で議会に承認されたものである。ヨルダンでも「アラブの春」を受けて憲法改正の動きがあり，2011 年 9 月 29 日に承認されたものを扱った。ヨルダンはハーシム家による世襲の王制であるが，シリア，イラク，レバノンは共和制である。シリアとイラクはバアス党の支配するアラブ民族主義を掲げる国であったが，イラクは 2003 年に解体されイラク戦争後の 2005 年に新憲法が発布されている。新イラク憲法は，民族についてウンマに言及しておらず，多民族・多宗教・多宗派国家であること，言語についてもアラビア語に加えて国内に抱えるクルド民族のクルド語を国家の公用語として定めている。レバノンもウンマについては言及しておらず，マロン派キリスト教徒やスンナ派ムスリムなどの多宗教・多宗派の内実を反映している。ヨルダンとシリアはいずれも国民をアラブ・ウンマの一部であると位置づけている。

　歴史的シリアの地理的エンティティの分断は，外部性をともなった独立を経て独裁や圧政が敷かれ，戦争や内戦の絶えない中東諸国家群を生み出した。各国の政体や統治形態が異なる中でも，元より宗派や民族の多様性が内包された地域であることと，アラビア語が浸透しイスラームが多数を占める言語的・文化的均質性のある地域であることは変わらない。ヨルダンは，民族としてはアラブ人が圧倒的多数でありながら，その中には離散の経験を抱え，独自のアイデンティティの確立が見られるパレスチナ人が多くを占める。宗教及び宗派についてはイスラームのスンナ派が多数を占め，少数であるがキリスト教徒も存在する。また，ヨルダンが抱える半数以上ものパレスチナ系とイラク人やシリア人に見る難民の存在，すなわちヨルダンを一時的な庇護地として捉える彼らの大多数且つ多様な存在がある。ヨルダンを理解するには，外部性のともなった建国の歴史と多様な人々，特に半数以上を占めるパレスチナ系と多様な難民の存在を常に念頭に置く必要がある。

4 - 3　ヨルダンの都市政策とインフォーマル居住区

　ヨルダンにおける土地使用と建築規制は，英国の委任統治下時代に持ち込まれた規制が残る状況にある。土地保有については，土地管理局が一括して

表2-2 アンマンにおける居住区区画カテゴリー

	プロット・エリア	居住建物とプロット間の距離 (前・後・横)	プロットサイズの割合における居住区
カテゴリーA	>1,000 m^2	5 m, 7 m, 5 m	39%
カテゴリーB	>750 m^2	4 m, 6 m, 4 m	45%
カテゴリーC	>500 m^2	4 m, 4 m, 3 m	51%
カテゴリーD	>250 m^2	3 m, 2.5 m, 2.5 m	55%

(出所) Al-Daly [1999], Ababsa [2010], Pavanello [2012] より筆者作成。

管理を行なっており,その利用に関しては表2-2に示すように居住区が4つのカテゴリーに分類され,規定されている [Al-Daly 1999]。

英国によって持ち込まれた建築規制は,UNRWA が運営する難民キャンプの周辺に多く出現するインフォーマル居住区 (informal settlement) や,非公式キャンプ出現の一原因となっていることが指摘されている [Ababsa 2010]。すなわち,現行の規制である4つのカテゴリーともプロット・エリアのサイズが大きすぎることから,低所得者層はこれらを満たすことができないのである。

ヨルダンでは,最初の都市開発計画 (Master Plan) が1954年から55年にかけ実施されるが,本格的な都市計画は1987年に作成され,1985年から2005年にかけて実施された開発計画 (GACDP: Greater Amman Comprehensive Development Plan) である。当時,2005年には都市アンマンの人口は2万人に増加することが見込まれ,増加に耐えうる都市づくりが目指された。GACDP は,主にアンマン近郊の2つのニュータウン建設に集約される [GAM 2008; Potter et al. 2009]。ひとつは,クイーン・アリア空港の南に位置する地域,もうひとつはより広大なザルカー地区と空港を結ぶ道路近辺に位置し,アンマンの南東にあたる地域である。2006年からは,ヨルダン国王アブドゥッラー2世のイニシアチブにより,1987年の計画を塗り替える形でアンマンを中心に据えた新たな都市開発の実行が開始された。カナダのコンサルティング・ファームと大アンマン当局 (以下 GAM: The Greater Amman Municipality) の協働で実施された開発計画「GAP (The Greater Amman Plan)」は,アンマンを文化的,社会的,観光の地域的な

ハブの役割を担う都市とすべく，長期的視点からの開発計画となった［GAM 2008; Pavanello 2012］。「Amman 2025」との別称を持つ 2006 年時の計画は，国際的な都市計画に関する賞を受賞し，評判の高いものであった。アンマンの開発は現在も続いており，都市開発計画は 1 年ごとにアップデートされている［Potter et al. 2009］。都市アンマンの発展は，1980 年代より都市計画に基づき本格的に始められ，ヨルダン国家の中心として文化的，経済的，政治的な中心を担う都市としての発展を目指し，外部の専門家の協力のもとで取り組まれてきたのである。

　都市アンマン全体の開発計画が進む中，特に難民キャンプの集まる東アンマンへの関心が高まり，積極的な開発が進められるようになる。この動きは，1970 年代に国際的に広く喚起されたスラムの改善やインフォーマル居住区の開発の必要性と，世界銀行などの国際機関が各国政府に改善のための支援を始めたことが契機となったと指摘されている［Ababsa 2010］。ヨルダンが経験した 1948 年と 1967 年に代表されるパレスチナ難民の大量流入は，大規模な無許可居住区の発生を引き起こし，1980 年頃より国内問題として認識され始める。1980 年時，都市アンマンの 4 分の 1 がインフォーマル居住区で占められ，特に中心に近い東部に集中し，劣悪な住居環境や都市サービスの不在が問題とされた［Ababsa 2010］。住居の提供を担う 1965 年に設置された住宅供給公社（Housing Corporation）は，販売用の新居建築のみを扱っていたため，経済的弱者であった大多数の難民にとっては意味をなさなかった。当時の居住空間の改善には，60 年代に提唱されたターナーによる都市再建に関する理論の影響があったと，アバブサは指摘する[11]。すなわち，居住地区の改善には，全ての工程において住民が協働・参画し，長期ローンによって住民に住居を保有させ，彼らの失業を改善し独立を助ける，という考えである［Ababsa 2010］。世界銀行を中心に，インフォーマル居住区に対する支援が行なわれ，ヨルダンの首都アンマンもその例外ではなかった。GAM 内部には，都市開発局（以下 UDD: Urban Development Department）が設置され，インフラ整備，サービス改善，貧困層への住居提供を目的とする活動が始められた。世界銀行が資金援助を行ない，1981 年から 1993 年にかけて主に 3 つの開発プログラム（UDP1，UDP2，UDP3）が実施される。

図2-2　東ワヒダードの開発レイアウト図

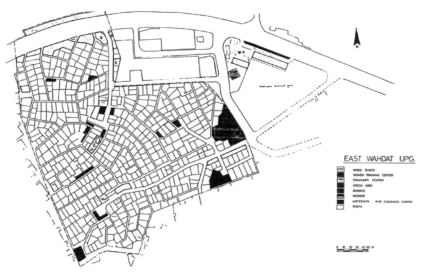

（出所）　Leslie［1992］

　その対象はアンマン中心部の地区に集中し，居住者はパレスチナ難民が大半を占めた。UDD は，先述した住宅供給公社と合併し，HUDC（Housing and Urban Development Corporation）へと拡大され，政府から独立した住居と都市開発を担う独自の機関へと成長した［Al-Daly 1999］。最も効果的であったとされる事業は，東ワヒダード地区での開発プロジェクトであり，1992 年には優れた建築や開発プロジェクトを表彰するアガ・ハーン建築賞も受賞している。

　同プロジェクトがもたらした最も重要なことは，ヨルダン国籍を持つパレスチナ難民に，正式に国家の法的権利証書を手に入れることを可能にした点である［Ababsa 2010］。すなわち，国籍を保持しながらも不法な状態での居住が続き，法的な証書を持たなかったためにインフラや行政サービスの行き届かない状況にあったのが，UDD によるプロジェクトによって改善されたのである。一方，幾つかの地域では，地域住民が UDD によるプロジェクトに対して効果への疑問を呈し，受け入れを拒む状況が現われた［Oesch 2010］。

図2-3 「東ワヒダード改善プログラム」による開発過程

（出所）Al Saheb［2010］

ルセイファ地区（al-Ruṣṣayfa）はUDP2の対象とされていたが，実際には住民の意見を受けて対象から外された。(13)その他にも，ジャバル・アリ地区（Jabal Ali）やアンマン北東部でも，同開発プロジェクトは拒まれた。第一の理由としては，これらの地域はパレスチナ難民が多くを占め，そもそもヨルダンでの居住を一時的なものとして捉え，将来パレスチナへの帰還を望んでいるために，居住状況の改善や開発は不必要であると主張するものである。開発が進み一時的な居住地区が永住可能となる地区へと変化することへの恐れでもあると考えられる。もうひとつの理由は，これまで不法な状態で居住していたために，税金や社会的な様々なサービスに対する対価を払っていない状態であったものが，開発によって管理が進められることによる課税への

懸念である［Ababsa 2010］。このように，一部では受け入れられなかった開発であったものの，全体としては住居改善や道路拡張，水道網の普及に見るインフラ整備は進んだ。

　1980年代より本格的に始まったと見られる都市全体とインフォーマル居住区の修復・開発は，国内政治状況と多分に関係してきたことは言うまでもない。近隣諸国の情勢や，特にイスラエル／パレスチナとの関係はヨルダンの政策に大きく影響した。都市政策から見ると，1950年代～60年代は大きなプロジェクトや政策は実施されていなかった。その理由には，第1次中東戦争と第3次中東戦争にともなうパレスチナ難民の大量流入による，人口の爆発的な増加と，その政治的・経済的影響がひとつにある。1950年に西岸を併合し，パレスチナ人に対するヨルダン国籍付与を行ない，期間を短くして国内に新たな人口を抱えることになったヨルダンにとっては，長期的な目的を持った都市計画の策定よりも，即時的且つ状況に合わせた柔軟な政策が必要であったと考えられる。パレスチナ難民に対してはUNRWAを筆頭に国際的な支援団体による積極的な支援活動と同時に，ヨルダン政府内に設立されたパレスチナ難民局が連携し，人道支援が進められた。1964年にパレスチナ解放機構（PLO）が登場すると，パレスチナ人の政治活動は活発化し，70年にヨルダン政府とPLOを中心としたパレスチナ諸派が対立し「黒い9月事件」と呼ばれるヨルダン内戦が起きる。これを受けて，ヨルダン政府は徹底的なパレスチナ政治勢力の追放や彼らの政治活動監視体制の構築等の策を講じたほか，治安機関や軍，内政でのパレスチナ系の昇進や登用は限定的となった。内戦を経て，「73年から75年には，湾岸諸国での出稼ぎによる送金，外国からの投資を背景にする3か年計画，76年から80年には，レバノン内戦を逃れた多くの金融機関のヨルダン移転にともなう建築ブームなどにより，雇用は拡大し」［北澤 1996: 20］ヨルダンには空前の好況がもたらされた。好況による経済的な余裕が生まれたことで，70年代にはインフォーマル居住区や貧困の問題が喚起され，80年代に入ると本格的な都市計画及び開発政策の実施へとつながった。こうした都市計画や開発政策は一定程度の成果を上げたものの，87年にイスラエルの占領するヨルダン川西岸・ガザ地区でのパレスチナ人住民による反占領運動であるインティファーダ

（al-Intifāda）が起きると，ヨルダン国内のパレスチナ系住民による支持が広がり，国内情勢へ大きな影響を与える動きとなっていく。パレスチナ難民キャンプを中心にデモが起き，住居政策やインフラ整備は停滞を余儀なくされた。しかしながら，これがきっかけとなって，パレスチナに刺激された過激な動きによって社会が混乱することを恐れたヨルダン当局は，専ら自らが中心となってパレスチナ人支援の活動の音頭をとるようになったとされる［北澤 1999］。1988 年，ヨルダン国王フセインは「西岸との行政的・法的関係断絶」を宣言し，正式に西岸の領有権放棄を決断した。また翌年 1989 年には総選挙の実施，94 年にはイスラエルとの和平条約締結がなされ，ヨルダンは新たな段階に移っていく。

　建国当初より難民流入の経験をしたヨルダン政府は，国民の 6 ～ 7 割をも占めるパレスチナ系住民とヨルダン人の国民統合に長く苦心してきた。難民キャンプの性質からは，国民統合を推進したい政府の思惑を垣間見ることができる。例えば，ヨルダンのパレスチナ難民キャンプは，他のアラブ諸国におけるそれらと比べて，場所・立地において孤立していないという性質がある［Farah 2009; Hanafi 2010］。キャンプがどこから始まり，どこで終わるか，その境界ははっきりせず，検問や門も存在しない。そのため，パレスチナ系住民が社会と断絶されることは減少し，ヨルダン人と交わる空間が多いことが予測される。また，住民の協働や参画が人道的活動の面において積極的に推進されている。貧困削減や，コミュニティをより改善させるために，両者住民が協働して取り組む場づくりが試みられている。

　西岸及びイスラエルとの間での一連の出来事と，1989 年以降の自由化政策や構造調整を受け，ヨルダンでは 1997 年に大規模な貧困政策が講じられた。政府と民間を合わせると 1 億 4 千万ヨルダン・ディナールが投入されたとされ，これによって政府の都市開発にも変化が現われる［北澤 2005］。インフォーマル居住区に対しては，サービス供給の向上のみを徹底して行ない，土地のインフォーマル動産所有や財産の問題には関与しないという方針が取られた［Ababsa 2010］。さらには，ヨルダンの全ての難民キャンプは HUDC の下に統合され管理されることとなった。パレスチナ人の帰還権を尊重し，あくまでもヨルダンを一時的な居住先として捉えるパレスチナ系住民の態度

を受け入れたとも見て取れる。ヨルダンは，彼らを受け入れている以上は，ホスト国として住居の提供や生存のためのサービス供給は行なうものの，土地の管理や所有については関与しないという姿勢である。但し，公式の理由は，土地の価格上昇により，政府が難民キャンプ内の土地や住居の借り上げが不可能となったからであると説明されている［Ababsa 2010］。難民キャンプの立地条件に見る境界のない状態は，結果として地域全体のインフラやサービスの向上につながった。一方では，土地の所有や不動産に関しては踏み込まないとしたヨルダン政府の意向により，キャンプ内や周辺ではパレスチナ難民だけでなくイラク難民やシリア難民，経済移民などの居住を可能にしている。

現在の HUDC の活動は新住居建設と歴史的地区修復へシフトしており，開発プロジェクトは実質的に終了している。観光資源としての歴史遺産と中心街の整備を進め，魅力ある都市アンマンへの計画は順々と進められている。1980 年代から本格的に始まった都市開発は，その性質を変化させながら現在まで続く。

5 おわりに

本章では，広大な沙漠を介し都市を結節点にして，開かれた市場と空間を形成してきた中東イスラーム世界を論じてきた。イスラームの伝統的な社会は，活発なモノや人の移動が集まる都市を中心に発展し，故にイスラームの都市性が指摘されてきたのである。また，イスラームにはダール・アル＝イスラームのような空間概念が存在し，多様な人々を包摂する開かれた世界が構築されてきた。西洋列強による植民地支配を経て近代国民国家の枠組みに組み込まれていくと，伝統的な中東イスラーム世界の開放性は一転する。国境線によって区切られた領土と共に国民形成を余儀なくされた中東諸国は，アラブ民族主義や一国主義，現在のイスラーム復興や民主化等の様々な思想の中で，枠組みの模索を続けてきた。当地の生態環境に基づく人々の営みは，国民国家形成の過程で各国に取り込まれ，移動の制限や都市への定住といった変容を見せていく。模索は現在まで続き，度重なる戦争や内戦の下で人々

は難民化し，中東諸国内に溢れ，また滞留していた。中でもヨルダンの形成は人工的な側面を持ち，国家の首都として近代都市アンマンが形成された。ヨルダンの建国から間もなくして流入したパレスチナ難民は，都市アンマンの形成の原動力ともなり，また改善の契機ともなったといえるだろう。アンマンは政治的・経済的な中心となるべく都市政策が進められ，インフォーマル居住区の整備も政府主導で行なわれた。これは，ヨルダンの居住を一時的な避難先として捉えるパレスチナ系住民の反対や，インティファーダの波及によって一時中断せざるを得ない場面を見せたものであったが，この取り組みは現在も形を変えて続けられている。

　中東イスラーム世界における人の移動は都市間の移動が主であり，ヨルダンの都市はパレスチナ難民をはじめ，流入する難民という，彼らの動態を切り離して考えることはできない。また，こうした人の移動は，中東が熱帯乾燥域という生態環境にあることとも切り離せないものである。都市，農耕，遊牧の三項連関の特徴を備える中東では，現在は都市の項を肥大化させながらも熱帯乾燥域の生態環境に即した人々の生存があり，綿々と受け継がれているのである。

第 3 章

難民ホスト国ヨルダンの歴史的展開
―― 慈善空間に生成する NGO ――

1　はじめに

　本章では，「難民ホスト国」ヨルダンの歴史的展開を，本書のテーマのひとつである「イスラーム的 NGO」の検討を加えながら論じる。まず，パレスチナ難民と 21 世紀に入ってからの新難民流入について概観し，イスラーム的 NGO の位置づけや，これらを含むホスト国の難民受入の組織構造を検討していく。その際には，中東ないしはイスラームにおける NGO（市民社会）をどう理解すれば良いのかについて，また現在のイスラームをめぐる思想潮流との関係について考えていかなくてはならない。

　熱帯乾燥域及び中東イスラーム世界に属すヨルダンは，大国に囲まれ，常に周辺地域情勢の影響を強く受けてきた国家である。揺れ動く中東情勢の中で，ヨルダンは難民受入の経験を蓄積し，NGO セクターも独自の展開を見せてきたといえる。イスラエル建国による大量のパレスチナ難民流入は，ヨルダン成立の初期段階で様々な慈善組織の形成をもたらした。また，ムスリム同胞団のヨルダン政府との友好的な関係は，政治的自由化以前の市民社会において独占状態を形成していた。本論に入る前に，ヨルダンの市民社会及び市民社会組織に関する先行研究を概観し，また言葉の使い方についても整

理しておきたい。

　NGO の世界的に一致した定義は存在しないが，国連用語から発生したもので，一般にグローバルな問題に取り組む非政府で非営利な市民の団体を総称するものとして理解されている。これまで，中東地域研究もしくは中東地域を扱う政治学において，NGO は体制維持や民主化論の政治的文脈の中で扱われてきた(1)。また，90 年代以降になると，これら組織のイスラーム性，すなわち強い宗教色が注目されるようになる。特に 9.11 以降はテロリズムとの関係が糾弾され，「テロ組織」や「原理主義組織」「イスラーム主義組織」とのレッテル貼りがなされたことが，イスラーム世界の NGO の実像を見えにくくさせてきたことは否めない。ヨルダンの NGO に関する研究も，主に体制研究や社会運動論の枠組みで取り上げられており，大きく 2 つの潮流に分けて捉えることができる。ひとつは，中東アラブ諸国の民主化の実現を論じる研究の中で，市民社会を民主主義の進展を担う存在として論じるものである。2 つ目の潮流は，国家と社会組織の関係を，体制維持との関係から論じるものである。その中で，ヨルダン政府の国家統制とムスリム同胞団との友好的な関係構築が，急進的な（radical）組織の伸長を抑え，穏健な（moderate）組織は擁護されてきたこと［Wiktorowicz 2001］，同組織は中間層のネットワークに支えられていることが指摘されてきた［Clarke 2004］。また，政治的自由化以降は血縁を基礎にした家族協会の設立が増加し，ヨルダンの新たなアイデンティティ形成の動きとして分析されてきた［Baylouny 2010］。概して，同胞団やイスラーム主義組織が個別的に取り上げられ(2)，イスラーム運動研究の一部として取り組まれてきたといえる(3)。そのため，主として国家の統制の側面が論じられ，ヨルダンの NGO に正面から取り組むものは少なく，研究上の空白がある。難民支援に取り組む NGO の慈善行為から見えてくるのは，国際難民レジームのほころびを埋めるかのような活動実態であり，イスラームの信仰に根ざすものが多いが，政治的なイデオロギーを振りかざすものではない。イスラーム復興との関係性や，NGO の根ざす社会構造の解明，また NGO の実態解明といった課題は残されたままである。

　本書において，NGO とは市民社会組織のひとつであり(4)，職能組合や非営

利組織，学生連合などと肩を並べるものである。ヨルダンの市民社会組織が本格的に内政の表舞台に登場するのは 1989 年の政治的自由化以降で，中でも伸長したのはイスラームの信条を掲げる組織であり，本書が呼ぶところの「イスラーム的 NGO」の数々である。この伸長は，1979 年にイランでイスラーム革命が発生したことで，中東イスラーム世界においてイスラーム復興が顕在化したことと無関係ではない。様々な形で現われるイスラーム復興であるが，最も広範に展開されているのは社会の裾野の部分で，個人レヴェルのイスラーム覚醒に支えられ，人々の生活に密着した形でイスラーム化が組織される草の根の復興である［小杉 1994］。また，ヨルダンの場合は，王族主導で設立された NGO が多く存在するため，NGO の非政府性に関しては注意する必要がある。本書ではハーシム王家の王族主導で組織されるものについて「王族主導型 NGO」と特記する。イスラームと市民社会の関係についての広い文脈での議論や，イスラーム復興の詳細については，3 で概観する。

2　難民流入経験の蓄積
――難民ホスト国ヨルダンの成立――

2-1　パレスチナ難民とヨルダン

　ヨルダンのパレスチナ難民受入は，その大量発生が起きた 1948 年と 1967 年に代表される。1948 年はイスラエル建国の年且つ第 1 次中東戦争が勃発した年であり，現在まで解決を見ないパレスチナ難民（問題）の起源である。1967 年の大量発生は，別名 6 日間戦争とも呼ばれる第 3 次中東戦争により，イスラエル側の大規模な領土掌握をともなう勝利に終わったことで起きた。人口の半数を占めるとも言われるパレスチナ難民との関係から，切り離して考えることのできない難民ホスト国としてのヨルダンの歴史的経緯を概観する。

パレスチナ難民の発生①：1948 年
　ヨルダンは 1921 年イギリス保護下において，トランス・ヨルダン首長国

として建国された後，1946年に委任統治から独立を遂げた。1921年にイギリスが預言者ムハンマドにつながる系譜を持つハーシム家出身のアブドゥッラー（'Abd Allāh ibn al-Ḥusayn）を王に推戴したことから，ハーシム家による世襲王制が現在まで続く。1948年に第1次中東戦争が起きると，ヨルダンはパレスチナに軍を送り，その後1949年12月にジェリコ会議が開かれ「パレスチナ・ヨルダン統一」を呼びかける決議が出される［北澤 2005: 218］。国王は会議を通じて，アラブ統一へ向け，パレスチナ人の幅広い支持を受けていることを示すことに奮闘した［Milton-Edwards and Peter 2009: 30］。同年，ヨルダンの勢力圏に置かれたヨルダン川西岸は併合され，王国の名前もヨルダン・ハーシム王国（Hashemite Kingdom of Jordan）と改められた。併合は，アラブ民族主義に基づくアラブの統一が建前としての目的であったが，実際にはヨルダン中心主義の結果なされたと指摘されている［北澤 2005: 219］。結果として，第1次中東戦争でイスラエルは旧市街地を含む東エルサレムを失ったが，1949年夏までに休戦が成立した時点では，国連パレスチナ分割決議でユダヤ人国家に与えられるとされていた地域よりも広い地域（パレスチナ全土の約75％）を支配下に収めた。ヨルダンは，東エルサレムを含むヨルダン川西岸を併合し，ヨルダンの支配下になった西岸地区のパレスチナ人はヨルダン国籍を得て「ヨルダン人」として法的地位を持つこととなる。「ヨルダン国民」として市民権やパスポートをはじめとする法的位置を持てたことは，彼らの政治的・社会的・経済的生活にとってきわめて大きな意味を持つことになったといえるだろう。第1次中東戦争の結果として戦火を逃れた難民の流入と，1949年の西岸地区併合でヨルダンの人口は急激に増加する。その数は，UNRWAの統計で91万人に上ったことが報告されており，ヨルダンには実にその半数以上が流入した。

パレスチナ難民の発生②：1967年

イスラエルとアラブ諸国の衝突は続き，1956年に起きた第2次中東戦争に続き1967年には別名6日間戦争とも呼ばれる第3次中東戦争が勃発した。主としてエジプト，シリア，ヨルダンとの間で行なわれたが，たった6日間でアラブ側の敗北に終わった。イスラエルは東エルサレムを含む西岸とガザ

両地域，エジプト領シナイ半島全域，シリア領ゴラン高原を占領したが，同年11月に占領地は返還され，「領土と平和との交換」原則と呼ばれる国連安保理決議242が成立する。この時，ヨルダンの首都アンマンの人口は，1948年の3万から1961年には25万，1967年の戦争勃発前には35万，その後戦争を経て1993年には100万にまで達している。この戦争で，ヨルダンは西岸地区への直接支配を失い，1940年代にヨルダン全人口の62%を占めていた西岸の人口は，1961年には47%まで，1990年には約20%までになった。また，新たに20万から25万のパレスチナ人が東岸地区へと渡ったとされる[Bannerman 1995]。ヨルダンは，厳しい生態環境下にありながらも，水資源の豊富な地域では農業が営まれている。1960年代の農業，林業，牧畜の従事者は全体の40%を占めていたとされるが，特に西岸地区にはヨルダン国内の農業面積の60〜80%があった。その生産高はGNPの75%を占め，政府収入の40%をも占めていたことから[Bannerman 1995]，同戦争で西岸地区を失ったことはヨルダンにとっては大きな痛手であった。

さて，50年代〜60年代のアラブ民族主義の影響や西岸併合によるヨルダン政府のパレスチナ支配への危惧から，ヨルダンではパレスチナ人とヨルダン人（トランス・ヨルダン人）との間で度々緊張状態が起きていた。ヨルダン政府のパレスチナ難民に対する政策は，1970年9月の「黒い9月事件」を契機に変化を見ることとなる。この事件は，ヨルダン国軍とパレスチナ解放機構（PLO: Palestine Liberation Organization, Munaẓẓama al-Taḥrīr al-Filasṭīnīya）に加盟しているパレスチナ諸派が軍事衝突を起こし，フセイン国王暗殺未遂事件を起こしたもので，ヨルダン政府は徹底的な抵抗を行なった。パレスチナ諸派はヨルダンを追放され，レバノンに拠点を移すこととなる。ヨルダン政府はパレスチナ系やパレスチナ支持とみなされるようなヨルダン人を公職から追放し，ヨルダン政府による国内のパレスチ人への監視は強化され，徹底した治安対策が講じられるようになった。

以上のように，ヨルダンへのパレスチナ難民の大量流入は，ヨルダンの国家形成や運営上の大きなファクターとして位置づけられることになり，パレスチナ問題は国内問題化していった。時代毎に席巻した思想や指導者の思惑も，パレスチナ難民受入へと大きな影響を与えたといえる。例えば，オスマ

ン朝末期から興ったアラブ民族主義は，イスラエル建国及び第1次中東戦争の時代に，大きな力を持った。パレスチナ人が祖国を失う結果となり，ユダヤ人国家イスラエルが登場したことは，アラブ民族全体への「挑戦」として受け止められ，アラブの統一を求める運動へと発展したのである［小杉 2006: 322］。また，国内に多くのパレスチナ人を抱えると同時に，西岸地区を併合したことは，人口構成の大幅な変容による民族的な離齬という負の側面だけでなく，熟練労働者，エリート層，富裕層による資金流入によって経済的な好影響をもたらした。「より裕福な難民がアンマン近郊で商売を始め，建設ブームと土地価格の上昇をもたらし」［北澤 2005: 223］，UNRWAによる援助がヨルダンの近代国家建設の利点となったとされるのである。

　ヨルダンのパレスチナ系住民は，ガザ地区出身の難民を例外に，ヨルダン国籍を保持している。国籍付与が行なわれた者は西岸地区の住民であり，1948年ナクバの際に西岸地区を経由した人々が対象であった。西岸地区は当時ヨルダンが併合しており，1967年時の西岸からヨルダン東岸への移動は，単純な国内移動であったために，受け入れに際して特別な問題は生じなかった［錦田 2010］。現在，ヨルダンには10のパレスチナ難民キャンプと3の非公式キャンプが存在し，キャンプの外にも多くのパレスチナ難民は居住している［UNRWA 2012］。[6]

　パレスチナ問題は60年以上経過した今も，解決の光は見えていない。ついこの間も，イスラエルとパレスチナの間では聖地をめぐる対立が先鋭化し，緊迫した状況が見られている。ヨルダンではパレスチナ系住民のイスラエルに対するデモが連日行なわれ，パレスチナ問題がヨルダン国内の問題であることを如実に示している。2011年から各地に広がった「アラブの春」は，ヨルダンにもその影を落としたが，チュニジアやエジプトのように独裁政治に終止符を打つ王制転覆へと結実しないのは，ひとつにヨルダンのパレスチナ系市民がヨルダンを祖国とみなしていないことがその背景にあるためであると分析される［臼杵 2011］。中東諸国及び国際社会に対して，パレスチナ問題の解決に向けた何らかの前進を一刻も早く実現させることの重要性は，いくら強調し訴えてもしすぎることはないだろう。

パレスチナ難民（帰還民）の流入：1990年

　次に重要なパレスチナ難民の流入としては、いわゆる帰還民（Returnees）と呼ばれる人々である。帰還民の発生は、1990年から91年にかけて勃発した湾岸危機とその後の湾岸戦争に端を発する。(7) その多くがパレスチナ人、もしくはパレスチナ系ヨルダン人であった。およそ30万人という流入規模の大きさに加え、1948年の大破局（ナクバ）及び1967年の第3次中東戦争の時期とは、社会・国際情勢や思想的背景も異なる中での大量の難民発生である。歴史的背景を踏まえた上で、大量の帰還民の流入にさらされることとなったヨルダンの経緯を概観する。

　そもそも、中東で石油が初めて商業的に採掘されたのは1859年、アメリカによる掘削の努力によって実現され、特に湾岸地域は自らが保有する石油資源の豊かさ故に存在感を増大させた。湾岸諸国の独立は比較的遅く、クウェートが1961年、アラブ首長国連邦、カタル、バハレーンは1971年に独立を果たしている。いずれも豊富な石油収入を誇り、共和主義的な国家として形成されていく。石油開発は着実に進められていったが、1973年の第4次中東戦争をきっかけにして第1次オイルショックが起き、世界中へ波及した。すなわち、石油の価格は一気に高騰し、湾岸を中心とした産油諸国は石油収入の増大に沸いたのである。オイルマネーにより成長戦略は活況を見せ、経済発展は著しく、労働力の増加による雇用の拡大が起きた。ヨルダンの高度な専門性を持った人材が、この時大量に湾岸産油国へと移住した。1981年の統計で、労働者としてヨルダン国外で働いていた人々は約31万人、そのうち産油国を中心とした湾岸アラブ諸国には80％以上の労働者がいたとされる［Bannerman 1995］。例えば、湾岸危機によりイラクからの侵攻を受けるクウェートには、建国以前から大量のパレスチナ人及びパレスチナ系ヨルダン人が流入していた。クウェートへのパレスチナ人流入は、イスラエルが建国された1948年と第3次中東戦争が勃発しイスラエルが領土を広げた1967年に特徴づけられる。1914年よりイギリスの保護国となっていたクウェートは、1961年に独立を果たすと、経済機会を求めて移住したパレスチナ人はクウェート国の形成に大きな役割を果たすこととなった。クウェートのパレスチナ人人口は1965年に7万7712人を数えたが、1970年には14万

7696人，1975年には20万4178人と一気に増加した［Lesch 1991］。1970年にはヨルダンで内戦が起こったために，ヨルダンからの人口流出に拍車がかかる。クウェートの人口構成ではパレスチナ人，ヨルダン人，パレスチナ系ヨルダン人が占めていた割合は非常に高かったということがうかがえる。

　1990年8月2日に勃発したイラクによるクウェートへの侵攻及び占領とその後の湾岸戦争は，クウェートの人口構成に大きな変化をもたらす。産油国クウェートの労働力としての役割を担っていた大量のパレスチナ人やパレスチナ系ヨルダン人が，戦火を逃れてヨルダンやその他の周辺国に移動せざるをえなかったのである。「帰還民（Returnees）」とされるのは，95%以上がパレスチナ系ヨルダン人であり，彼らの帰還先はヨルダンであったためである［Taoquer and Al-Oudat 1999］。1990年の12月までにクウェートのパレスチナ人人口は半減し，クウェートを筆頭に，湾岸諸国から数か月の間でおよそ30万人がヨルダンへ帰還し，その数はヨルダンの全人口の10%を構成するまでになったとされる［Lesch 1991］。ヨルダンに帰還した帰還民のうち82%は首都アンマンと首都に近い工業都市ザルカーに居住した。また，13%は北部に位置するイルビドに落ち着いた［Lesch 1991］。既にパレスチナ人コミュニティがあり，経済の中心である首都周辺へ流れたといえる。

2-2　21世紀の「新難民」流入

　21世紀に入り，ヨルダンは新たな難民の流入を経験することになる。すなわち，イラク，シリアからの「新難民」である。彼らは，「パレスチナ難民が，当初は存在すら認知されない「持たざる人々」」であったのに対して，21世紀に入って流入した「かつて地域に覇を唱えた「持てる国々」からやってきた」難民とされ，「新難民」と呼ばれる［吉川 2016: 290］。

イラク難民

　イラク難民の発生は，2003年のアメリカのイラク侵攻によって起きたイラク戦争が主要な出来事として挙げられるものの，決して新しい話ではない。1979年にサッダーム・フサイン政権が成立して以来，その圧政から逃れようと当時から多くのイラク人が国外へ流出した。湾岸戦争勃発による混乱も

図3-1 イラク人援助対象者（Persons of Concerns）・国内避難民（IDP）の変遷（1968-2014年）

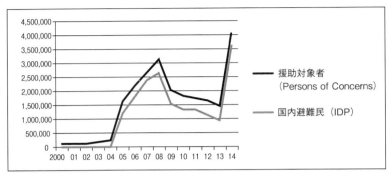

（出所） UNHCR Yearbook より筆者作成。UNHCR Statistical Yearbooks（http://www.unhcr.org/pages/4a02afce6.html）（2015年7月20日）

加わり，主にアメリカやヨーロッパへの亡命を果たしたイラク人の数はこれまでに約5千万人ともいわれる［Chatelard 2010］。また，アメリカ同時多発テロが起き，イラクの大量破壊兵器保持が問題とされる中で，イラク戦争の開始が避けがたい展開であったことから，移動が可能で且つ避難の意思を持つ者は，開戦前夜の段階で既に周辺国へ逃れていたことが分かっている［錦田 2009: 71］。その数は約80万人を数えただけでなく，中間層の40％もが国外へ逃れたとされる［酒井 2008: 9］。気をつけるべき点は，難民申請をせず，亡命の形をとり国外へ脱出したイラク人や，隣国へ逃れたものの難民申請をしていないケースが多々あるために，流出した人々の正確な数字が把握できないという点である。

図3-1は，イラク難民，庇護申請者及びイラク国内の国内避難民（IDP）数の統計を表わしたものである。1990年，91年の庇護申請者の増加は，湾岸戦争によるものと見られ，隣国を中心に欧米への流出が起きた。イラク戦争の時期を見ると，2003年の開戦前後には特に数値に変化が見られず，急激に増加している年は2006年であることが分かる。繰り返しになるが，本統計は難民数の推移であって，開戦前後に国外へ逃れた人々の存在が指摘されているものの，移住や亡命という避難形態をとった人々の存在は反映されない。2006年の急激な申請者増加は，同年バグダードの北西に位置するサ

ーマッラーで，シーア派の重要な聖地であるアスカリーヤ・モスクが爆破された事件と大きく関連している。以降，スンナ派のモスクが標的にされる爆破も起き，宗派対立の激化により内戦状態に陥ったイラクでは，家を追われ新たに国外脱出したり，住み慣れた土地からの移動（国内避難）という選択を強いられたイラク人が大量に発生した。2007年にFAFO（ノルウェーの調査機関）[8]が行なった統計では，ヨルダンには45万人から50万人ものイラク人が流入したとされる。また，UNHCRの報告ではシリアには約120万人[9]のイラク人が逃れていると推定された[10]。国内避難民の数もこの時から急激に増加し，国外へ難民化した人々を上回る勢いであったことが報告されている。

　現在では難民数，国内避難民数共にピーク時に比べると減少しているものの，シリア内戦とイスラーム国（IS）の影響拡大で避難する人が再び増加している。ヤズィード派（al-Yazīdīya）の虐殺や，市民を人間の盾にして攻防を続けるISのニュースは連日報道されているところである。何よりも，最も深刻な状態にあるのは，経済的な余裕がなく移動するのが困難であるがゆえに，危機にさらされながらも国内に取り残されているイラク人であろう。イラク難民の最大の受入国であったシリアは今も深刻な政情にあり，自国イラクの政情も安定しない中で，イラク戦争によって難民化したイラク人の帰還は限定的である。イラク難民は2006年から2007年にかけてピークを迎え，ヨルダンに逃れたイラク人の数は50万人ともいわれる。ヨルダンにとって，これだけの規模で押し寄せた難民はパレスチナ難民以降初めてのことであり，パレスチナ以外の新たな難民流入の経験として位置づけられる。

シリア難民

　次に，現在まで発生し続けているのが，内戦が始まった2011年を契機に流入するシリア難民である。2015年7月にはシリア難民の数は400万人を突破し，世界全体の難民のうち4人に1人がシリア難民となったのである。その多くは周辺国へ流出しており，最大のシリア難民ホスト国はトルコの156万人，次いでレバノンの115万人，ヨルダンは62万人と3番目に多くのシリア難民を受け入れる周辺国のひとつである［UNHCR 2014］。

　図3-2は，シリア人の援助対象者と国内避難民の総計を時系列で示した

図 3-2 シリア難民（Persons of Concerns）・国内避難民（IDP）の変遷（1968-2014 年）

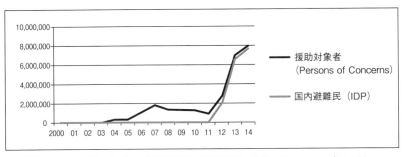

（出所）　UNHCR Yearbook より筆者作成。UNHCR Statistical Yearbooks（http://www.unhcr.org/pages/4a02afce6.html）（2015 年 7 月 20 日）

ものである。事の発端は 2011 年にチュニジアから始まった「アラブの春」が、エジプト、リビアに次々と波及し、長期にわたって続いた権威主義体制が崩壊したことである。チュニジアのベン・アリー政権に続き、エジプトのムバーラク政権が崩壊し、その波はシリアにも及んだ。2011 年 3 月には南部都市ダルアーでアサド政権に対する改革を要求する抗議デモが始まる。アサド政権は改革を実施しながらも、抗議デモに対して徹底的な弾圧を行なったことから、政府対反体制派との内戦状態に発展していった。内戦は 2016 年 12 月に停戦合意がなされたものの、イスラーム国の登場や有志連合軍及びロシアの介入により、国際化の様相を見せており、解決の目処は依然として立っていない。シリアから逃れようと 2011 年後半から難民数は増加の一途をたどった。シリアとの国境に近いヨルダンの地方都市であるラムサーには、2011 年 5 月時点で、近郊の都市であるマフラクには同年 7 月にシリアからの避難者が流入していたことが分かっている［今井 2014］。シリア内戦が決定的となり、ヨルダンへ避難するシリア人が増加したことを受けて、UNHCR とヨルダン政府が主導して 2012 年にはマフラク県にザアタリ難民キャンプ（Mukhayyam al-Za'tarī）が設置された。2014 年にはアズラック難民キャンプも新設され、さらなる難民受入に対応することとなった。

　シリアはヨルダンと国境を接し、商業活動や旅行、留学を行なう人々の交流はかつてより盛んに行なわれていた。ヨルダン社会へのシリア人流入は現

在のシリア内戦によるものが最大で あるが，1970年代末にシリアでム スリム同胞団とバアス党政権との間 で大規模な武装闘争が発生し，1982 年の「ハマー（Hamā）虐殺」を経 て一定数のシリア人がヨルダンへ流 入している。この際にシリアから流 入した人々はムスリム同胞団関係者 を多く含み，後に取り上げる東アン マンのハイイ・ナッザール地区にも 彼らの流入が確認されている。

シリア内戦によるシリア難民の流 入は，2012年に急速に増加し，多 くがヨルダン・シリア国境に接する ダルアー県からの人々であった。**表 3-1** は，2015年10月時点のヨルダ ンにおけるシリア難民の出身地を示 したものである。

表 3-1　ヨルダンに居住するシリア難民の出身地（2015年10月31日）

出身地	人口	比率
ダルアー	280,443	44.5%
ホムス	100,679	16.0%
ダマスカス近郊	77,367	12.3%
アレッポ	52,079	8.3%
ダマスカス	48,977	7.8%
ハマー	30,965	4.9%
ラッカ	10,775	1.7%
イドゥリブ	9,869	1.6%
ハサケ	4,605	0.7%
デリゾール	3,736	0.6%
クネイトラ	2,840	0.5%
スウェイダー	1,243	0.2%
ラタキア	1,230	0.2%
タルトゥース	341	0.1%
その他	5,032	0.8%

（出所）　UNHCR［2015］

最も多いのがダルアー県からのシリア難民であり，44.5％を占めている。ザアタリ難民キャンプも，9割をダルアー県出身者が占める［Ledwith 2014］。もうひとつの特徴として，シリア難民は都市に集中している点が挙げられる。ヨルダンでは，現在ザアタリ難民キャンプ，アズラック難民キャンプ，エミレーツ・キャンプ（Emirates Jordanian Camp）が設置されているが，難民キャンプに滞在するシリア難民は全体の約20％程度で，80％以上は都市部へ居住していることが報告されている［UNHCR 2015］。

3　イスラーム世界における NGO

3-1　イスラームと市民社会

イスラーム世界では市民社会の不在が指摘され，これを西洋とオリエント

との差異とするオリエンタリズムが存在してきた［Turner 1994］。古くは，国家（王権）が強く市民社会が脆弱であるため民主主義が育たない，と見られてきた。1979年にイランでイスラーム革命が起きてからは，社会が強く国家が脆弱であるために近代国家が形成されない，との逆説的な説明がなされてきた［小杉 1996］。これらの背景には第1章で述べたようにイスラーム社会における，共同体の概念と社会-国家関係の構造が関係する。イスラームには，信仰に基づいた普遍共同体「ウンマ（umma）」の概念が存在し，「全信徒を包摂する共同体であると同時に，政教一元論的なイスラームの理念を実践する主体」［小杉 2006: 38］とされている。また，イスラームでは，全ての主権（siyāda）は神に属するとされ，人間にはその神の主権の代理権が与えられると考えられている［小杉 1994: 30-44］。すなわち国家は主権の「手段」として認識され，ウンマの執行機関として位置づけられる。イスラームにおいては，イスラーム法，ウンマ，国家の順に統治の実践が思考されているのである。

　一般に国家と対置されて議論される市民社会の存在は，イスラームにおいては国家の上に位置づけられ，存在していたことが分かる。またそれは，ウンマという共同体の概念により成立し，（国家主体ではない）自律的な様々な諸制度を形成し，機能させてきた。イスラーム法を行使する執行権としてのウンマという大きな理念型があって，具体的にはイスラーム法の解釈と実施を行なう専門職としてのウラマーと統治者（国家）の執行によりウンマが成立する。伝統的なイスラーム社会では，例えばモスクや農地等のワクフ（寄進財産）は多くがウラマーにより管理されてきた。これらは，ウラマーにとっての重要な生計手段として位置づけられていただけでなく，公共の福祉的な要素を多く含む建築物や機能を維持する役割としても非常に重要であった。現在でも中東アラブ世界の特に旧市街を歩くと，共同給水泉に出くわすことがあるが，これもワクフとしてウラマーが管理してきた。伝統的なイスラームの諸制度のひとつであるワクフ制度は，社会資本の形成や所得を再分配するためのチャンネルとして機能していた［加藤 1995］。現代の国民国家が政府サービスとして行なうものの多くは，イスラーム法の規定によって社会的に運営されてきたのである。イスラーム法の自律的側面やこれを担う

ウラマーの存在及びウンマの構造自体に，社会が自律的に機能するための様々な仕組みが存在し，「自律的な互助機構」［小杉 1996: 47］が機能するイスラームが確認できた。このような法学的な観点によるイスラーム共同体のモデルを踏まえ，伝統的なイスラーム社会の構成員である支配者・ウラマー・一般信徒の支配構造のモデルにおける社会は「イスラーム的市民社会」と指摘されている［小杉 1996］。

　これまで述べたように市民社会という西洋的な概念は，イスラーム世界をオリエンタリズムで捉える静態的な理解に基づいて使われてきた。民主化を担う存在として市民社会の議論が盛んに行なわれた時代を経て，現在はイスラーム復興により伝統的なイスラーム社会の諸制度が活発化しつつある。社会の裾野へと広がるイスラーム復興の動きは様々に組織化されており，近年では専らテロリズム研究と往還して論じられると同時に，「イスラーム的 NGO」や「ムスリム NGO」といった語が使用され始めている。次項では，イスラーム復興の文脈を見ることで，上述した新たなタームが登場した背景について述べる。

3-2　イスラーム復興の文脈

　オスマン帝国の崩壊，その後の植民地化を経て，国民国家が中東を覆うようになり，中東アラブ諸国における国家はその統治機能の肥大化が指摘された［Ayubi 1995: 21-35］[11]。近代のイスラーム世界では，植民地化・西洋化の過程でウンマの解体はもとより，自律的なイスラーム社会の諸制度が解体される。成立した近代国家は，アイユービーの指摘するように膨張し，「むしろ市民的自由が奪われるのが常態であるような事態」が生じたのである［小杉 1996: 52］。成立した近代国家群としての中東アラブ諸国では，これまで国家の統合を図るべく様々な思想や運動が登場してきた。アラブ民族主義が席巻した後，動的で宗教性を備えた一国ナショナリズムは現在まで力を持ち，近年は両者を積極的に再定義する試みを持つイスラーム復興の動きへと続いている。イスラーム復興が顕在化したのは 1979 年のイランのイスラーム革命であり，イラン国内及び地域政治システムさらには国際政治に大きな影響を及ぼし，この年は分水嶺と称される。イスラーム復興は様々な形で現われる

図 3-2 イスラーム復興の構図

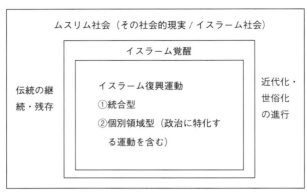

（出所） 小杉［1998: 111］

が，最も広範に展開しているのは裾野の部分で，個人レヴェルの覚醒に支えられ，一人ひとりの生活に密着した形でイスラーム化が組織される草の根の復興である［小杉 1996: 31］。

図 3-2 はイスラーム復興の構図を示したものである。イスラーム復興の構図には，一番外側にムスリム社会（その社会的現実／イスラーム社会）が設定される。その社会に暮らすムスリムが，現実の社会を「本来」のイスラーム社会から乖離したものと感じ，自分や自分の社会が脱イスラーム化したことへ批判の目を向ける段階が「イスラーム覚醒」である。個人レヴェルで表出するイスラーム覚醒により，礼拝を実践する者や，本書が指摘するようなイスラーム的 NGO でボランティア活動に従事する人々の増加が発生する。イスラーム覚醒が個人のレヴェルからさらに広がり，組織化・社会運動へと展開すると，「イスラーム復興運動」へと結実する。イスラーム復興運動は「統合型」と「個別領域型」に区別され，前者は「特定の領域に特化することなく，あらゆる領域でイスラーム化を推進しようとする運動」，後者は「たとえば宗教活動や福祉活動といった特定領域に活動を限定するもの」と定義される［小杉 1998: 114］。例えば，レバノンのシーア派イスラーム主義組織であるヒズブッラー（Ḥizb Allāh）は，「統合型」のイスラーム復興運動のひとつであり，幅広い活動領域を持つ運動として指摘される［末近

2013］。個人レヴェルでのイスラーム覚醒を背景に，イスラーム的価値を掲げ活動を行なう様々な組織が形成され，さらにはイスラーム的基盤に根ざした機能の社会レヴェルでの再活発化を目指す動きが発生しているのである。

　イスラームの教えを様々な分野で復興させようとする運動には，まずイスラーム国家の建設が不可欠とする立場からの政治運動としてのイスラーム復興運動が挙げられる。イスラーム国家の樹立を目指してエジプトでは1928年にムスリム同胞団が設立され，その後アラブ各地に支部が作られてアラブ世界最大のネットワークを誇るイスラーム復興運動として存在する。次に挙げられるのが社会的な側面におけるイスラーム復興運動である。本復興では，イスラーム慈善協会の設立や，低所得者向けの医療サービスの提供などが挙げられる。中でも，慈善（al-khayrīya）や善行（ikhsān）をキーワードに様々な分野でイスラームにおける相互扶助の伝統を取り戻す慈善組織が活発化している。イスラームの宗教的な側面について復興させようとする復興運動もある。例えば，モスクの建設活動やクルアーン暗唱学校の設立等である。イスラーム復興運動は政治以外の分野においても顕著に見られるが，多くの場合に分野横断的となることに留意する必要がある。伝統的なイスラーム社会において機能していた自律的な社会制度を復興させようと，イスラーム社会を再構築させようとする動きとしてのイスラーム復興運動は，社会のイスラーム化をあらゆる側面において推進する。以上のことを踏まえると，イスラーム復興運動は，イスラーム国家建設を目指す政治運動としての復興，イスラーム社会の再構築を目指しイスラーム的な社会の実現を目指す社会レヴェルでの復興，イスラームの宗教的な側面を復興させようとする信仰レヴェルでの復興の3つに大別されることが分かる。本書で取り上げるのは，イスラーム社会の再構築を目指し，イスラーム的な価値を社会に提供しようとする社会レヴェルでのイスラーム復興運動であり，「イスラーム的NGO」と名付けられる種々の組織の活動である。

　イスラーム復興の流れは，民主化や世俗化の流れと同時に，また「アラブの春」という政治変動や過激派の登場という潮流の中で存在する。中東アラブ諸国におけるイスラーム復興運動を分析する際には，複雑に入り交じった思想の中にイスラーム復興の現代潮流を位置づけ，イスラーム復興の流れを

くみながらも近代化・世俗化を志向する組織と，イスラーム化を推進する組織の双方が出現していると捉えるべきである。

3-3　イスラーム的 NGO とは何か──用語と実態をめぐる問題

　元来イスラームには慈善行為が内在し，ザカートやサダカの徴収，ワクフの分配に見られるように，その行為は具現化され組織化されてきた。現代におけるこれら組織は，国民国家システムが中東地域を覆ったことで，国家の管理下に置かれている場合が多い。⁽¹³⁾ 同時に，現在のイスラーム潮流であるイスラーム復興の流れは，個人レヴェルでのイスラーム覚醒が社会レヴェルへと広がり，社会組織化が進むと共に社会運動を促している。このような潮流の中で慈善行為が再確認され，最活発化の動きが見られるほか，自明のものとして行なわれていた行為の中にイスラーム的な価値を再確認するといった動きが確認される。⁽¹⁴⁾ イスラームに内在する慈善の存在とイスラーム復興という潮流の下で組織化されている種々を具象するには，先述したように欧米発の市民社会の定義を援用するには限界がある。近年，世界的な宗教復興の流れを背景に多用されつつあるのが"FBO (Faith-Based Organization)"の概念である。FBO は，「宗教に基盤をおく組織」として，欧米を中心にキリスト教系の福祉活動を分析する際に多く用いられている [Petersen 2011; 白波瀬 2015]。⁽¹⁵⁾ イスラームは宗教であると同時に政治や経済へ及ぶ社会システムでもあるため，本概念を使うとイスラームの信仰の側面が強調されすぎて，誤解を生む可能性がある。しかしながら，FBO は世界的な宗教復興の潮流を捉える際において有益な枠組みであると考えられる。

　本書では，「イスラーム的 NGO」の用語を積極的に使用することにしたい。対象となるのは，イスラーム社会の再構築を目指し，イスラーム的な価値を社会に提供しようとする社会レヴェルでのイスラーム復興運動であり，組織化された種々の組織である。「イスラーム的」という場合に，「ムスリム（NGO 職員やボランティア）がムスリム（地域コミュニティ・受益者）のために働いている環境を考えるならば，そこにはなにがしかのイスラーム的な価値観が反映されることになるはずである」[子島 2014b: 79] と指摘されるように，人々の持つ目的や関心がイスラーム的な要素を含むという点が挙げ

られる。本書では，そのようなNGOが活動を展開する社会の素地にイスラームがあるという点を強調し，「イスラーム的」というタームを用いたい。イスラーム復興では，伝統的なイスラーム社会が自律的な社会運営を可能とするような運動となって活発化する側面がある。イスラーム的NGOの登場は，このようなイスラーム復興の側面と西欧文化との接近や民主化の側面が合わさっている。テロとの関係を真っ先に疑うのではなく，中東を覆う潮流と社会の中で捉え，論じる必要がある。

　但し，本呼称に対しては，否定的な意見も少なくない。そもそも，そうしたカテゴライズ自体が，世俗的な研究者の恣意的なものである，とも指摘されている［Wiktorowicz 2001］。しかしながら，中東イスラーム世界のNGOの多くが活動資金をムスリムの義務であるザカートに依る場合が多いことや，イスラームの聖典『クルアーン』を教える学校運営を有すること等を鑑みると，「イスラーム的」と積極的に形容することに一定の意味があると考える。イスラーム復興が深化する中で，こうした現象はより広い範囲で散見されるようになっているし，こうした潮流において，大塚が示すように「イスラーム的」なるものの判断は，今日のムスリムの間でも重要な争点として存在しているのである［大塚 2015: 6］。本書では，当事者たちの中でも「イスラーム的」なるものをめぐって相違があることを前提としつつ，それでも複数で相対的な「イスラーム的なるもの」［大塚 2015: 4］を議論し考察するという姿勢のもとで，この形容を用いることとしたい。

4　難民受入のアクターと支援構造

4-1　ヨルダンの対難民姿勢──国家と国際難民レジームの関係

　ヨルダンが最初に直面するのは，1948年と1967年に代表されるパレスチナ難民の流入である。彼らの多くはヨルダン国籍を取得していることに注意が必要であるが，政府はパレスチナ難民支援を提供するUNRWAを支持し，外務大臣直轄の「パレスチナ問題担当局」を設置してUNRWAの支援を補完している［吉川 2015］。

　他方，UNHCRの管轄である（パレスチナ難民以外の）難民をめぐっては，

ヨルダンの国内政治及び対国際社会との駆け引きの中で随時決定されてきた。例えば，イラク難民流入の際は，「客人（guest）」として扱い，支援には消極的な姿勢を見せてきたし，短期間での大量の流入となったことから，物価の上昇や公共サービスの圧迫に対処するために，彼らに入国ビザの事前取得を義務づけることで受け入れを制限した［Sassoon 2009］。また，現在まで続くシリア難民の対応は，「難民」として承認し，国際難民レジームへの接近を図ることで，シリア難民保護を国内開発へと結びつける戦略がとられてきた［今井 2014］。

このような対難民姿勢は，ヨルダンが国際難民レジームの中核をなす難民条約の締約国でないことに起因する[16]。難民条約に批准していない以上，ヨルダン政府は難民保護に対する義務を負わず，政府による難民の認定は行なわれない。恣意的に「難民」の承認を操作することができてしまうだけでなく［今井 2014］，条約が掲げる恒久的解決策のひとつである庇護国定住，すなわちヨルダンにおける難民の社会統合も有り得ない。

しかしながら，1998 年には UNHCR とヨルダン政府の間で覚書が締結され，ノン・ルフルーマン原則の遵守や UNHCR との協力関係構築が約束された。国際難民レジームとの接近が図られたヨルダンのシリア難民への対応では，UNHCR との協力関係は，難民支援における事業実施パートナー（Implementing partners）[17]に様々な政府機関が組み込まれていることが如実に示している。2015 年の UNHCR の報告では，シリア難民支援にあたり，内務省，計画・開発協力省，公共事業・居住省，シリア難民事業総局，そして次項で詳述する王族主導型 NGO が 4 つ加わっている［UNHCR 2015］。また，シリア難民の受け入れ先として設置されたザアタリ難民キャンプについても，政府の全面的な協力が見られた。

2016 年 2 月には，国際社会の難民問題への関心が高まる中で，シリア支援をめぐるロンドン国際会議が開催された[18]。本会議では各国より新規支援及び追加支援が表明された他，難民支援における人道主義的アプローチから経済開発的アプローチへの転換が示された。この新たなアプローチについては，ヨルダン政府が早くから関心を示していたもので，難民の雇用やホスト国の経済発展を促す投資を可能にするものである［Betts and Collier 2015］。シリ

ア難民の雇用を公式に容認する今回の方針転換は，ヨルダン社会へのシリア難民統合を招きかねない。ヨルダンの表向きの姿勢としては，国際難民レジームに正式に参加していない以上，積極的な難民認定や恒久的な難民問題の解決策には関与せず，ヨルダンへの定住も認めないとするものである。しかし，ヨルダンの難民受入の実態は，イラクでは情勢不安の継続により，難民の積極的な帰還は実現しておらず，さらにはIS（イスラーム国）の新たな脅威を前に更なる難民流入に見舞われかねない状況である。シリアでの紛争は6年目を迎え，停戦合意がなされたもののいまだ先行きは不透明で，難民の帰還は中長期的にわたり絶望的であると言えよう。ヨルダンは，これまでの難民受入の経験から，難民状態の長期化を見据え，極めて現実的な対応として本アプローチの採用を決定したと考えることができる。背景には，大量の難民が押し寄せる中，難民流入に対する消極的な姿勢を強める西欧諸国の差し迫った状況がある。本アプローチへの転換は，事実上の「難民封じ込め」政策を展開する欧米の思惑を見透かして，難民を受け入れる代わりに援助と投資を呼び込み，国益に還元させようとする駆け引きの結果である。また，グローバル・サウスへの難民の押し付けに目を瞑る欧米中心の国際難民レジームに対するヨルダンの挑戦であり，ほころびを露呈する国際難民レジームそのものの牽制でもあろう。

　以上のことから，ヨルダンは国際難民レジームには正式に参加していないものの，難民受入の対応をめぐっては，国内及び国際情勢の見極めのもとで，レジームとの決定的な対立は避けながらも国益に見合った関係を構築してきたことが分かる。本構築は，あくまでも難民の保護についての関係構築であり，難民問題への解決を目指す国際難民レジームに同調し，これに取り組むものではない。一貫しているのは，庇護国定住に対する拒否であり，援助や投資の獲得であり，国内の難民流入への現実的対処である。

4-2　政府主導の慈善活動の展開――王族主導型NGOの登場

　ヨルダンは度重なる難民流入に対して，国益を優先し，国際難民レジームとの駆け引きの中で独自の政策を打ち立ててきた。1970年代後半になると，主に湾岸諸国に出稼ぎに行ったパレスチナ系住民による送金や外国からの投

資，レバノン内戦を逃れた多くの金融機関のヨルダン移転にともなう建築ブームなどを背景に，ヨルダンは好景気となる［北澤 1996］。経済的な余裕が生まれたことで，国内のインフォーマル居住区や貧困の問題が喚起され，80年代に入ると貧困対策や都市計画といった開発計画が実施され始めた。この過程で，ヨルダンは次々に王族主導型 NGO を立ち上げ，これらを通じて海外からの援助獲得を進め，国家開発に力を入れるようになる。代表的なものには 1977 年に設立されたヨルダン・ハーシム人間開発基金（Jal-Ṣundūq al-Urdunī al-Hāshimīya lil-Tanmiya al-Basyar）や 1995 年に設立されたラニア王妃率いるヨルダン・リバー財団（Mu'assasa nahar al-Urdunn）がある。これらは，青少年の社会参加の推進や環境保全など，国民生活の向上及び社会改善を目的として様々な事業に取り組んでいる。

　これらの王族主導型 NGO は，財政規模の大きさはもとより，ヨルダン社会に対する上からの市民社会構築を担ってきたことが指摘される[20]。王族主導型 NGO の台頭は，ヨルダン内戦以降，経済活動に邁進し富を築きつつあったパレスチナ系住民に対し，取り残されたトランス・ヨルダン系住民への政府主導の支援策でもあった。また，これらは先述したようにシリア難民支援における UNHCR の事業実施パートナーとして活動しており，国際難民レジームとの協働関係にある。

　加えて重要な組織が，ヨルダン政府が 1978 年に設立したザカート・ファンドである。ヨルダンではモスクとザカート徴収の管理を国家が担っており，モスクに付帯して活動を行なう NGO は形成し得ない。同ファンドはヨルダン全土に 170 のザカート・コミッティー（Lajna Zakāt）を有し，ザカートの回収と分配にあたっている［Petersen 2012］。コミッティーには宗教省に登録した地域のボランティアが携わっており，地域社会に密着した活動が展開されている。イスラームの伝統であるザカートの徴収と分配の機能は，国家の管理下に置かれながらも，地域社会に根ざした形で機能しているのである。国家が主導してイスラームに関する事業の一端を担うことで，過激なイスラーム主義組織の形成を防ぎ，国内の宗教運動を統制する動きであると考えられる。

　王族主導型 NGO の活動は，貧困対策や青少年教育などの開発分野におい

て活発であり，決して難民支援のタイトルを掲げて活動しているわけではない。ザカート・ファンドも然り，イスラームの伝統的な社会制度のひとつを，国民のボランティアを多数携えながら国家が運営している。実際には，支援受給者の中にはヨルダン人だけでなく難民の姿を含む。ヨルダンでは，王族主導型NGOやイスラームの伝統的な社会制度のチャンネルを通じて，政府による難民支援も少なからず行なわれているのである。

5　難民の流入と法規範から見るNGOの展開

5-1　NGOを規定・規制する法規範

最も古いヨルダンの市民社会組織は，1912年南部の都市マダバにおいてギリシア正教徒によって設立された「善行の館協会（jam'īya dār al-iḥsān）」に遡る。英国の保護国から独立する過程において人口増加にともなうヨルダン社会の出現と社会形成を通じ，様々な団体が形成されていくが，当初は宗教やエスニシティ，出身地による集合体が主であった。1932年にはオスマン帝国統治期の法律を改正する形で，市民社会組織を規定する法律が整備される［Harmsen 2008］。背景には，英国による保護統治への不満や，シオニストによるパレスチナ占領に対して政治的な活動を展開する社会組織の出現があった。[21]

1948年，イスラエル建国及び第1次中東戦争が発生し，ヨルダンには大量のパレスチナ難民が押し寄せた。[22] 同時に，彼らに対する慈善事業が発生し，負傷者への支援や社会サービスの提供を行なうNGOが設立される。これらは，難民救済を名目にしながらも，アラブ民族主義の台頭を背景に，政党の代表がNGOの代表を兼ねるなど，主たる目的は政治活動の展開にあった。1957年の戒厳令によって，政党活動は禁止され権力の集中が図られると，これを機に一切の政治活動及び選挙が凍結されるとともに，政治的な活動を展開していた一部のNGOも違法とされてしまう。1959年にはNGOの登録や監督を担う自発的組織連合（al-Ittiḥād al-'ilm lil-jam'īyāt al-ahlīya）が設立され，監視は一層強められることになった。

上記のような規制は，1966年のNGOに関する法律の制定によって明文化

される。法令第33号「社会組織・団体に関する法律（Qānūn al-Jam'īyāt al-hay'āt al-ijtimā'īyāt)」は，ヨルダンのNGOを「21歳以上の成員7名以上からなる，非営利目的で社会サービスを提供する組織及び団体」と定義し，社会開発省への登録を義務づけた［Hamarneh 1995］。本法令は，「政治的な目的（'ihdāf sīyāsī)」を掲げるNGOと「公共秩序（al-niẓām al-'ām)」に反する活動を行なうNGOの結成を禁止しているが，いかなる目的が政治的または公共秩序に反するとみなされるのかについての定義は記載されておらず，ヨルダン政府が独断的にNGO成立の可否を判断できる法令であることが分かる。

本法令が成立した翌年の1967年，第3次中東戦争によりヨルダンは2度目のパレスチナ難民流入を経験する。戒厳令下にありながらも，王室との良好な関係を築くことで自由な活動が許されていた同胞団は，1963年にイスラーム慈善センター協会（Jam'īya al-Markaz al-Islāmīya al-Khayrīya）を設立した。同胞団の基本姿勢はパレスチナ支持であり，流入したパレスチナ難民に対する積極的な支援が展開された。ICCSは瞬く間に当時のNGOの中で最大のものに成長し，慈善事業を中心とした様々な社会サービスを提供するようになる。病院や大学，クルアーン学校の運営等，その活動は多岐にわたる。

以上のように，パレスチナ難民流入によりNGOの活動は盛り上がりを見せたものの，戒厳令の発令により下火になる。それ以降のNGO活動は，同胞団の活動を除いて極めて限定的で，そのような環境下で政府のNGO統制及び監視体制が整備されていった。

5-2　政治的自由化と「新難民」の流入——法改正の動き

1989年に22年ぶりに実施された総選挙実施を皮切りに，ヨルダンは政治的自由化に舵をきる。総選挙では同胞団の政党が善戦し，遂にイスラーム勢力が公の場へ登場したのである。これを受けて，職能組合では同胞団を支持する人々が運営主体に選ばれたり，同胞団支持の学生組織が誕生したりした［Sparre and Petersen 2007］。乗じて，イスラームの宗教的信条を掲げるNGOも伸長し，活動の幅を広げたのである。また，血縁や地縁を基礎にしたNGOである家族協会（Jam'īyāt 'alīyāt）が数多く設立されたのも自由化以

降のことである［Baylouny 2010］。2003 年には 789 の家族協会が確認され，そのうちの約 60％（472）は 1989 年以降に設立されており，当時の NGO の大半を占めていた［Baylouny 2010: 100］。このような変化は，1980 年代後半の IMF（国際通貨基金）による構造調整政策の受け入れにより，食料等への補助金が打ち切られたことによる貧困層の拡大や，湾岸戦争による大量の帰還民流入も要因として挙げられる。

　ところで，この時期増加した NGO の形成を担ったのは，ヨルダンの 60％をも占めるとされるパレスチナ系住民である［Wiktorowicz 2000; Baylouny 2010］。ヨルダンは，政府も設立を支持したパレスチナ解放機構（PLO）の本部が首都アンマンに置かれ，パレスチナ人の祖国の解放と自決努力を認めていた。しかし，第 3 次中東戦争にアラブ側が敗北すると，解放運動は武装化したゲリラ組織の性格を強め，政府は警戒感を強める。PLO への志願者は増加し，国内脅威としてヨルダン当局との決定的な対立が引き起こされたのが 1970 年の「黒い 9 月事件（ヨルダン内戦）」である。内戦後，政府は徹底的なパレスチナ政治勢力の追放を行ない，監視体制を強化したために，政治的自由化以降に増加したパレスチナ系住民による NGO も慈善性や公共性を高めたのである。パレスチナ系住民は，避難先であるヨルダンでの新たな人生形成において，家族協会の提供する血縁や地縁を利用し，雇用先を見つけたり，慈善活動を通じて互いに助け合うことで新たな土地での基盤を築いた。また，パレスチナ難民としての自らの苦難の経験が，支援を必要とする人々に手を差し伸べることの動機になった，と考えることも可能であろう。

　2003 年に勃発したイラク戦争がヨルダンにもたらしたのは，「新難民」としてのイラク難民である。隣国で起きたこの事態は，ヨルダン国内にも治安状況の不安定さをもたらし，これが決定的となったのが 2005 年に発生したアンマン連続爆弾テロである。イラクで活動していたヨルダン人とイラク人[24]の関与が疑われた同事件は，ヨルダン政府の一層の治安対策強化を促すこととなった。アブドゥッラー国王は当時の首相を更迭し，軍歴が長く，危機管理の手腕に長けたマアルーフ・バヒート（Ma'rūf al-Bakhīt）を首相に据えた。バヒート内閣は 200 を超える暫定法を成立させ，中には団体活動を制限するものも含まれていたとされる［吉川 2014］。こうして，NGO を取り巻く

法制度は 2008 年に「団体法（Qānūn al-Jamʿīyāt）」法令第 51 号の成立によって改編されることになった。本法令は，引き続き NGO のいかなる政治的な活動も禁止しており，さらに国外から資金を得る場合は事前に報告し，全ての省庁（内閣）の承認を得ることが義務付けられた。このような法改正は，湾岸諸国からの資本流入増加によるトランスナショナルな NGO の展開とも相関している。

最新の動きとしては，2016 年 3 月に本法令の改正案が提出され，現在も審議中と見られる。改正案では，政治的な活動の禁止に加えて「国家安全保障，治安，公衆衛生，公共秩序，公衆道徳，他人の権利と自由を犯す目的を掲げる NGO を禁止する」という文言が加えられている。また，NGO の登録に該当する省庁の大臣は，上述した目的を掲げていると判断した NGO を解散することができる。さらに，NGO の設立に必要な人数を 7 人から 50 人に引き上げると明記しており，NGO の設立は難しくなることが予想される。

5-3 「都市難民」と国家開発への結実

ヨルダンの難民受入は，彼らを都市部に抱えるという都市集中の様相を示しており，「都市難民」が全体の 8 割から 9 割を占めるという状態にある。当初設置されたパレスチナ難民キャンプは都市化の進展と共に整備や開発が進み，アンマンやザルカーのような大都市に設けられたものについては都市と融合していった。シリア難民に関しても全体の 80％以上が都市部に居住しており［UNHCR 2015］，現在設置されている 3 つの難民キャンプに収容される人数を遥かに凌駕するシリア難民が都市に溢れているのである。このように，ヨルダンの難民実態は，都市と難民キャンプに二分化しており，都市への比重が非常に高いことが分かる。

「都市難民」の実態を受けて，ヨルダン国家は難民政策の転換を図るべく，国連や国際 NGO への働きかけを始める。シリア難民受入に際して実現したのは，難民を受け入れる地域コミュニティ全体の発展を支援する長期プログラムの作成である。2013 年 6 月に発表された RRP5（シリア地域対応計画）からは，ヨルダン人を支援対象者として含め，地域コミュニティ全体の底上げを明示するようになる。これを機に，シリア難民対策は難民支援にとどま

らない，ホスト社会全体の改善を実現しようとする国家開発の性格をともなうようになった。加えて，4-2で述べたほかにも，近年ではアンマン中心部に本部を構える王族主導型NGOのタキーヤ・ウンム・アリ（Tkiyet Um Ali）[32]が，困窮するヨルダン人を対象に食料の無償提供を行なったり，トランス・ヨルダン系住民が多いバディア地方の社会経済開発を目的に設立されたヨルダン・バディア開発ハーシム財団が活動を展開している。難民流入で疲弊するヨルダン社会に対し，国際難民レジームへの働きかけによる難民支援の国家開発への結実と，さらには先述したような王族主導型NGOというチャンネルを通じた，社会全体の底上げの模索が見られる。

　国連は専ら難民の登録と難民キャンプの運営を実施し，国際NGOを中心とした事業実施パートナーがその運営を補完し個別の支援活動を展開している。一方，支援の届きにくい都市部では，主に後に述べるようなイスラーム的NGOやモスクによる草の根の支援と，王族主導型NGOによる難民とヨルダン市民を隔てない社会全体に資する活動を通じて支援が展開されているのである。

　先述したNGOの法改正の動向からは，国外からの資金提供に対する事前許可の取得が義務付けられたことを示したが，国外NGOとの連携によって運営されるものが増加傾向にあること，また政府はこの動きを警戒していることが示唆される。ヨルダン政府はNGOに対する監視体制を強化こそしているが，活動の場を奪うことはしていない。むしろ，これらの慈善性・公共性の担保を模索しているように見える。国際難民レジームへの正式な参加がなされず，政府による決定的な難民対策が講じられないがゆえに，難民という支援を必要とする人々を常に目の前にする状態が継続し，NGOの活動の場が存立し続けている。このような状況において，イスラーム的NGOの支援は，二分化する難民実態の都市で生き抜く「都市難民」への一助となっているのである。

6　おわりに

　本章では，ヨルダンを「難民ホスト国」と規定し，パレスチナ難民から始

まりイラク難民及び現在のシリア難民に至る難民流入の歴史的経緯とヨルダン政府の受け入れとの関係を考察してきた。建国から程なくして流入した大量のパレスチナ難民に対しては，UNRWA を支持し，その支援を補完してきた。一方で，イラク難民支援では，国益の優先が見られ，ヨルダン政府の対応の遅れも指摘されていた。イラク難民と言われる人々の中には，イラク戦争開戦前に避難してきた者も多く，中には富裕層やある程度の資本を持ちヨルダンへと避難してきた者も含まれ，難民のカテゴライズが必ずしも適当でない様態が存在した。また，イラク戦争が必ずしも契機とならず，移動が可能で移住の意思がある者は，フセイン政権時代から継続的に国外流出及び移住が行なわれてきた。シリア難民への支援では，2013 年の RRP5 が改訂を経て発表されると，難民支援を掲げながらも支援対象にはヨルダン国民及び地域コミュニティへの支援を含み，国内開発と結びつけられて展開された。多くの難民は国際機関が管理する難民キャンプではない都市部へと流入する中で，本章ではイスラーム的 NGO について定義を試みた。市民社会の概念やテロ組織のレッテル貼りが有益でないことを示唆し，イスラーム社会の再構築を目指し，社会レヴェルでのイスラーム復興を担う第三項の存在として捉えることを提示した。

　ヨルダンは建国以来続いた難民の流入もあり，様々な NGO が展開されてきた。戒厳令が敷かれると NGO の活動は限定的となり，特にヨルダン内戦以降は NGO の政治空間への参入は徹底的に制限され，慈善性や公益性を高めていった。一方で，王族主導型 NGO として政府も自ら慈善活動に従事し，国民の生活向上を目指すだけでなく，モスクやザカートといったイスラームの伝統的な社会制度を管理するに至った。政治的自由化以降は，イスラームの宗教的な信条を掲げるイスラーム的 NGO が伸長し，イラク難民やシリア難民を眼前に活動を活発化させていった。

第4章

都市型生存基盤の構築
―― アンマンの形成と発展 ――

1 はじめに

　本章では，シリア難民を主な題材に，彼らの都市における生存基盤について，草の根のイスラーム的 NGO の役割に注目して考察する。ヨルダンでは，ヨルダン国籍を得たパレスチナ難民を例外に，イラク戦争やシリア内戦から逃れてきた人々の多くは難民キャンプに留まらず主要都市で自らの生存基盤を築いている。都市部では国際機関をはじめとする国際社会の人道支援や援助は届きにくく，彼らの生存に大きく貢献しているのが，地域に根ざすイスラーム的 NGO である。はじめに，都市アンマンの構造を把握するため，その生態環境と歴史について外観する。アンマンはその起源を紀元前に持ち，遺跡の残る歴史的都市でもあるが，長期間にわたる衰退を経験したために，19 世紀後半に入ってからようやく人々の居住が再開された「古くて新しい都市」である。ヨルダン国家の形成にともなって都市は拡大が進み，人口増加と密集化が顕著に見られるようになると同時に，東西で格差が広がるようになった。遺跡の残る中心部から東側にはパレスチナ難民キャンプが残り，貧困層や新難民が居住し，一方の西側は開発が進められ富裕層が集中している。こうした東西格差の実態についても本章では取り上げて検討する。

後半では，東アンマンの中でも中心部に近く，難民の流入とも関係が深いハイイ・ナッザール地区を取り上げて，難民の都市型生存基盤を探っていく。難民（移民）研究では，難民を国家や国際機関と対置し，2者の構図の下で考察したり，強制的・自発的，一時的・永続的，合法的・非合法的，国内移動・国外移動などの対比で扱うことが多く，二元論に陥りやすい。こうした単純な対比では捉えきれないのが現代の複雑で多様化する難民の実態であり，二元論の乗り越えが課題とされる。本書は，第三項としてイスラーム的NGOを取り上げ，またその構造を分析することで，複雑な難民の事象を明らかにするとともに国際的な難民支援の枠組みに対しても新たな視点を与え得るものである。ヨルダンは国際難民条約に批准しておらず，難民の地位についても全てのシリア人が獲得しているとは限らない。一度難民登録をしても一定期間を経て更新する必要があり，少なくないシリア人が登録から消滅している可能性があるのである。一人ひとり様々な状況に置かれているシリア人がいるのであり，「難民」という言葉で彼らをカテゴライズしてしまうことが時に個の存在を忘れさせてしまうことの危険性は，自戒の念も込めて付言しておきたい。都市内部では，一人ひとりの難民に向き合いながら，イスラーム的NGOの支援が草の根的に実施されている。これらの内実はほとんど論じられることがなく，多くの研究でイスラーム主義組織が個別的に取り上げられてきたことは前章でも述べたところである。本書では難民研究における二元論を乗り越え，草の根のローカルな活動展開に着目し，詳細な事例の提供によるイスラーム的NGOの全体的な把握を目指す。次節では，まず都市アンマンというヨルダンの中心都市の事例から，イスラーム的NGOの一端を明らかにしていきたい。

2　都市アンマンの構造

2-1　アンマンの生態環境と歴史

　ヨルダンは，隣国をシリア，サウディアラビア，イスラエル，パレスチナに囲まれ，面積約8.9万平方キロメートル（日本の約4分の1）の中東アラブ諸国のひとつである。国土の80%は沙漠地帯で，人々の居住地区は標高

700〜1500 メートルのヨルダン渓谷東側に位置するヨルダン高原と，湖面標高が海水準面下 418 メートルの死海を含む地溝帯の中にあるヨルダン渓谷内に限定される［池谷 2007］。ヨルダン川東岸に広がるのがヨルダン高原であり，ヨルダンの形成はここで始まった。ヨルダン高原は，ティベリアス湖から死海へと続くヨルダン川を支柱にした東岸に広がる起伏のある土地である。ザルカー川に向かって北東に流れるワディ（ラース・アル＝アイン，'Ras al-Ain）の周りを囲む 7 つの丘がアンマンの原型であり，現在のアンマンは合計 19 の丘にまで拡大して，首都を形成している。7 つの丘の中心に置かれているのが国内最古のフセインモスクであり，その周辺にはかつてアンマン川（アンマン・セイル，Seil Amman）が流れていた。

　アンマンは高地であるため，冬は気温も低く降雪も確認される。しかしながらヨルダン王国全体で見ると，世界でも有数の水不足の深刻な国で，水資源確保やそのためのインフラ整備は緊急の課題であり続けている。特に雨水は重要な供給源であるが，その降水量は相対的に少なく，表流水の水利用状況は全水源の 40％に留まる[(1)]。その理由には，国土の 80％を占める沙漠の土質が関係している。ヨルダンの土質は「風蝕により細粒物質が飛ばされ粗い石や砂だけとなった地表の層に鉱物の粘土分がセメントのように入り込んだいわゆるデザート・ペイブメントと呼ばれている層」が多くを占め，不透水層を形成しているとされる［池谷 2007: 62］。つまり，雨が降っても雨水は地表を滑り流出してしまい，地層に吸収されにくいのである。不透水層は降雨の利活用を妨げる要因となっており，ヨルダンの水資源確保にとって大きな障害として日々その攻略が模索されている。

　ヨルダンの首都として現在は約 3 万人もの住民を抱える都市アンマンは，古くて新しい。その起源は紀元前 1200 年，旧約聖書に記された「ラバト・アンモン（Rabbath Ammon）」に遡る。旧約聖書時代にヨルダン川の東に住んでいたアンモン人によって成立し，都市名アンマンもこれにルーツを見出すことができる。アンマンには観光地にもなっている古代遺跡が残っており，その代表格がアンマン城とローマ劇場である[(2)]。アンマンには，紀元前 9 世紀〜8 世紀にかけての鉄器時代に都市の周壁が造られており，徐々に拡張されたことが分かっている。紀元前 8 世紀〜7 世紀にはアッシリアの支配下

に置かれ，その後バビロニア，ペルシア，ローマ等の支配下へと移りゆく。先述したアンマン城は，青銅器時代初期にあたる紀元前1500年の人々の居住が確認できる場所である［Hacker 1960］。そして，後にイスラームの勢力圏に入ることとなる。

　イスラームは7世紀にアラビア半島のメッカで成立し，632年のムハンマド死後よりアラブ人ムスリムによるイスラーム勢力拡大が始まった。661年にはウマイヤ朝の首都となったダマスカスへ到達し，762年にはアッバース朝の首都として「平安の都」の名の下，円形をした3重の城壁で囲まれ4つの門が設けられた円形都市バグダードが成立する。両都共にイスラーム世界の中心地として繁栄を極める一方で，両都から距離的にも離れたアンマンは徐々に衰退し，忘れ去られていった［Hacker 1960］。ウマイヤ朝時代のものとみられる住宅跡の遺跡は見つかっているが，アッバース朝期に首都がダマスカスからバグダードへ移動したことが，アンマン衰退の決定的な要因であると考えられている［Hacker 1960］。ヨルダン南部に移動すると，国内でも最初に世界遺産に登録された巨大な遺跡群であるペトラ遺跡がある。砂岩をくり抜いて造られ，大きな岩盤にそびえたつような壮大さには思わず目を見張るものがある。ペトラは，紀元前2世紀前半頃に栄えたナバテア王国の都市であり，隊商ルートの中継地として繁栄した。長年隠されて守られてきたが，1812年にスイス人東洋学者であるブルクハルト（Johann Ludwig Burckhardt）が遺跡を発見した。ブルクハルトはペトラ遺跡発見時にアンマンに立ち寄っており，その際の記述には，アンマン城などの遺跡の存在のみが記載されている。

　アンマンが息を吹き返すのは，1878年のチェルケス人（Circassians）流入に端を発す。現在のロシアの一部である北カフカスより，ロシア帝国による征服，1877年から1878年に起きた露土戦争により多くのチェルケス人がオスマン帝国へ庇護を求め流入した。オスマン帝国側はこれを受け入れ，帝国内への定住を認めたのである。まさに，ダール・アル＝イスラームに逃れた彼らに，保護（アマーン）が約束されたひとつの例として捉えることができる。最初にアンマンに到着したチェルケス人は50ほどの家族であり，続いて25の家族が1880年に到着した［Hacker 1960］。1880年のアンマンの人

図 4-1 1881 年のアンマンの地図（The Palestine Exploration Fund Special Survey of Amman October 1881）

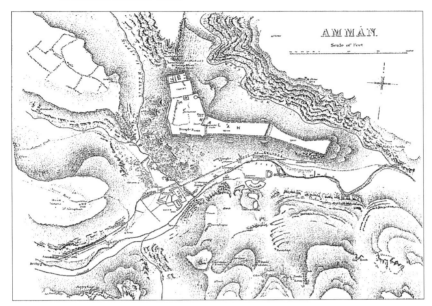

（出所） Northedge［1992］

口は 150 人程度で，その後 1891 年にはアンマンの住人約 1 万人のうち 30％がチェルケス人によって占められていたとされる［Hacker 1960］。この時から人口も増加し，周辺の遊牧民（ベドウィン）らとの融合も徐々に進み，都市として栄え始める。

　アンマンが繁栄するに至ったもうひとつの契機は，第 1 次世界大戦期前後（1914～1918 年）に英国軍が流入したことと，ヒジャーズ鉄道建設（1908 年にダマスカス～マディーナ間）の過程で 1903 年にアンマン駅が設置されたことが挙げられる。英国軍の拠点は，アンマンの西北西約 30 キロに位置する都市サルトに置かれる。サルトはエルサレムの旧街道沿いに位置しており，オスマン帝国時代から継続して行政上の主要都市であった。1923 年英国委任統治領トランス・ヨルダン誕生後もサルトの使用が継続されたが，アンマンはヒジャーズ鉄道駅から近く，アラブナショナリスト[4]の政治的拠点となっ

たことから重要性が増していくこととなった［Abu Nowar 1989］。1946 年，ヨルダンは英委任統治から独立し，ヨルダン・ハーシム王国が成立，都市アンマンは王国の首都となった。

　古代都市アンマンは，空白期間を経て，ロシアからの新たな人々の流入により再スタートを切る。チェルケス人及びイギリス人に代表される新たな人々の流入によって都市アンマンの再興は決定づけられ，周辺の遊牧民が徐々に融合していった。一定の人の居住が継続され何千年もの歴史を持つイスラーム世界の都市が多くある中で，アンマンの形成過程には空白があり，近代の国民国家成立とともに勃興していくという，「古くて新しい都市」なのである。

2-2　西アンマンの拡張と都市化――東西格差の顕在化

　都市アンマンは中東アラブ世界でも稀に見る近代都市のひとつである。古代都市として綿々と人間活動が続けられてきたカイロやダマスカスとは異なり，歴史が一度途絶えて 20 世紀に入りようやく本格的な人間活動が展開された非常に稀有な都市だ。丘の連なる地形には，都市として成立しうる水資源は確保されていたものの，度々起きた急激な人口流入によって都市の性格は変化していく。20 世紀初頭のアンマンは約 300 家族が居住する小さな村であったが，1948 年には第 1 次中東戦争及びイスラエル建国を受けて大量のパレスチナ難民が流入し，この時期に人口は一気に約 6 万人に増加する。1948 年と 1967 年に代表されるパレスチナ難民は，ヨルダン国籍付与を経てヨルダン王国及び都市アンマンの形成にとって大きな存在となった。現在の東アンマンにあたる中心部にはフセイン難民キャンプ（al-Hussein）やワヒダード難民キャンプ（Waḥdād）が設けられ，パレスチナ出身者の居住区として広がる。彼らが経済活動を開始し社会に融合していくに従って，テントで形成されていた難民キャンプの居住形態は，次第にコンクリート造りのアパートメントへと移行していった。こうした変化によって，キャンプと東アンマン都市中心部との境界は除々に融解し，現在の大都市アンマンを形作っている。都市アンマンの拡大は難民キャンプ設立にともなう新たな居住区の出現，その分散，人口増加が重なりあって起きたといえる。

ヨルダンは都市化が顕著な国のひとつであり，2012年の報告では人口の78％が都市部に居住し，3つの都市（アンマン，ザルカー，イルビド）に全人口の71.5％が集中しているとされる。[UNHABITAT 2012]。拡大を続けるアンマンの背景には，アンマンを中心とした大都市圏アンマン－ルセイファ－ザルカー地区(5)（Amman-Ruṣṣayfa-Zarqa）の形成がある。(6)

　表4-1は同大都市圏の居住区拡張と年間成長率を示し

表4-1　アンマン-ルセイファ-ザルカーにおける居住区拡張と年間成長率

アンマン	面積（平方km）	年間成長率
1947	2.05	
1956	4.34	8.8％
1961	28.6	―
1983	71.8	4.3％
1994	144.6	6.6％
2005	226.6	4.2％

ザルカー－ルセイファ	面積（平方km）	年間成長率
1961	8.3	
1983	22	4.5％
1994	45.1	6.7％
2005	79.7	5.3％

（出所）　Ababsa［2011: 210］より筆者作成。

たものである。この調査からは，アンマンを中心とした大都市圏は1946年以来半世紀にわたり年間4％の拡張をしているということが分かる。[Ababsa 2011]。

　アンマンを中心とした大都市圏の拡張には，パレスチナ難民の居住が大きく関係している。彼らが，現在の東アンマンやザルカーに設置された難民キャンプを中心に居住を始めると，キャンプ周辺には密集度の高いインフォーマル居住区が広がっていった。東アンマンやザルカーはこれまで以上に凝集していき，多く見られるのは1階もしくは2階建ての伝統的な建築様式の建物（Dār）や，これが上に上にと建て増しされてアパートメントタイプに変化した4階から5階建ての集合住宅である。一方で，キャンプを出て新しく居住を始める人々が増加し，彼らの多くは西アンマンへと移動した。新たに人々が居住を始めた西アンマンでは，アパートの他にヴィッラ（Villa）と呼ばれる一軒家が建ち並び，家と家の間にも余裕が見られる。また，新たな商業施設としてショッピングモールや金融街を形成するオフィスビルが建設され，経済の要所としての位置づけも確立しつつある。都市化が進展したこ

第4章　都市型生存基盤の構築　　103

とで，アンマンは拡張し，ルセイファとザルカーを含む大都市圏形成がなされた。同時に東アンマンの凝集性は高まり，開発が進む西アンマンとの格差は決定的となっていった。ヨルダンの貧困層は東アンマンに集中し，地区のインフォーマル性は，彼らの生存基盤を特徴づける一要素として指摘できる。

3　バドル地区におけるイスラーム的NGOの活動と特徴

3-1　調査地概要——東アンマン・バドル地区

　本節からは，東アンマンに位置するバドル地区（Badr）を取り上げて，都市の住民やシリアから避難してきた難民の居住と，イスラーム的NGOの支援を論じていく。バドル地区はアンマン中心部（Wasaṭ al-Balad）から程近く，また西アンマンとも隣接する。2004年の地区人口は約13万6千人とされ，(7)現在まで拡張が進む比較的大きい地区である。バドル地区という名前を持ちながらも，同地区にはハイイ・ナッザール地区（Ḥayy Nazzāl）の呼称が一般に使用され，アンマン中心部から出発する乗り合いタクシー（セルビス）には「ハイイ・ナッザール行き」乗り場に，その文字が書かれた乗用車が並ぶ。本調査地の選定理由は大きく3点ある。ひとつに，東アンマンに位置していながら西の境と中心部に隣接する地理的状況にあるという点，2つには主要なイスラーム的NGOが揃い且つ本部を設置しているという点，3つに国内最大のザカート・コミッティー（Lajna Zakāt）が存在するという点である。1点目については，都市アンマンの構造が関係する。先述したように，アンマンは東西格差が顕著に見られるようになり，当時は難民キャンプであった地域やその周辺にできたインフォーマル居住区を含め，歴史の古く密集度・貧困率と共に高い東アンマンと，富裕層や新たに流入した人々が新たに居住区を形成していった西アンマンとに大別される。バドル地区は，インフォーマル居住区の拡張にともない西アンマンとの接近点に位置しながら，中心部にも隣接し，歴史的な都市の形成の一端を垣間見ることのできる地区である。

　バドル地区は中心部から程遠くはないものの，ヨルダン建国当初は羊の放

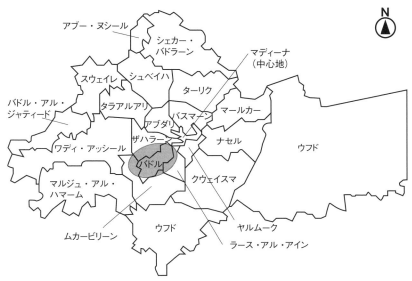

図4-2 都市アンマン中心部地図（丸部分：バドル地区）

（出所）筆者作成。

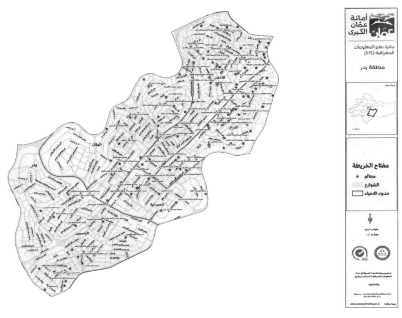

図4-3 バドル地区（2014年9月23日）

（出所）GAM資料より筆者引用。

牧が見受けられる程の広大な荒地であったとされる。人々の流入が起こり，地区形成の契機となったのが1967年に起きた第3次中東戦争である。これを契機に流入したパレスチナ難民を中心に，地区における人々の居住は開始された。パレスチナよりバドル地区に到着し，最初に居住したのがムハンマド・ナッザール・アル＝アルムーティ一族（Muhammad Nazzāl al-almūtī）とされており，彼の名前を取りハイイ・ナッザール地区（Ḥayy Nazzāl）と呼ばれている。1980年代に入ると，シリアの都市ハマー（Hamā）で起きた大虐殺によりシリア人の流入が発生し，その多くがバドル地区に居住した。ハマーの大虐殺をきっかけに避難したシリア人の中にはムスリム同胞団関係者が多数存在し，ハイイ・ナッザール地区は一般にムスリム同胞団の影響力の強い地区として人々に認識されている。その後，湾岸戦争により発生した帰還民やイラク難民の流入にともなって，地区の拡張が起きた。地区は5つに区分され，中心をドゥストゥール通り（shāri' al-dustūr）が走る。地区自体の歴史が示すように，パレスチナから避難してきた人々が主に居住を始めた地区であり，明確な都市計画に基づかないインフォーマルな居住区が多く，入り組んだ道に密集度の高いアパートが立ち並ぶ。バドル地区への交通機関は幾つか存在し，前述したセルビスが，アンマン中心部からバドル地区の主要道路であるドゥストゥール通りの終着点までを折り返して運転している。乗車料金は350フィルスであり，人々の主たる移動手段となっている。東アンマンの地区の中でも，シリア人の流入が見受けられる地区のひとつで，彼らの居住はいたるところで確認できる。また，支援機関が多くあるために，色々な場所からシリア人が支援を求めて連日訪れている。

3－2　慈善活動の概要

　バドル地区には，主に5つのローカルなイスラーム的NGOと国内最大規模のザカート・コミッティーが存在する[8]。ひとつは，歴史も古く国内を代表する団体のひとつでありムスリム同胞団を母体として発足したアブー・フライラ孤児支援慈善センター（イスラーム慈善センター協会の支部，Markaz Abī Hurayra li-ri'āya al-iytām，以下ICCS）で，1987年に孤児院としてスタートした。また，1992年に設立されながら近年急速に拡大したキタ—ブと

スンナ協会（Jam'īya al-Kitāb wa al-Sunna，以下 K. S.）が，その本部を設けている。2004 年に設立されたモフセニン慈善協会（Jam'īya al-Moḥsinīn al-Khayrīya，以下 M. K.）は主にシリア人への支援を行なう地区を代表する組織であり，2009 年に設立されたガイス慈善協会（Jam'īya al-Ghayth al-Khayrīya，以下 G. K.）は地区のヨルダン人を主に支援している。モフセニンとは善行を尽くす者という意味を持ち，ガイスは神の恵みや雨の意味を有し，熱帯乾燥域の生態環境が示す水の希少性とその重要性を垣間見ることのできる単語であろう。熱帯乾燥域において雨は常に貴重なものであり，神の恵みとも捉えられてきたのである。双方とも地区内では新しい組織であり，M. K. は 2014 年に事業を大幅に拡大し，事務所の移動にともなってクルアーン学校を設立している。1977 年にヨルダン大学教授サリー・ナーセル（Dr. Sarī Nāṣir）と学生により設立されたコミュニティ・センター協会（Jam'īya Markaz al-inmā' al-ijtamā，以下 CCJ）は，ヨルダン・リバー財団（Jordan River Foundation），ヨルダン・ハーシム人間開発財団（JOHUD），ヌール・アル＝フセイン財団（NHF）[9]と並ぶ国内 4 大 NGO のひとつに数えられ，バドル地区に本部を構える。ヨルダン政府の機関としてはザカート・コミッティー（Lajna Zakāt，以下 L. Z.）があり，ヨルダン国内で最大規模のものである。モスクに併設された事務所の他に，地区内に病院が 1 つ，医療センター 2 つ，障害者施設 1 つを有している。バドル地区の主なイスラーム的 NGO 及びザカート・コミッティーは以下の通りである。[10]

- アブー・フライラ孤児支援慈善センター（Markaz Abī Hurayra li-ri'āya al-iytām），イスラーム慈善センター協会（Jam'īya al-Markaz al-Islāmīya al-Khayrīya/The Islamic Center Charity Society, ICCS）
- キタープとスンナ協会（Jam'īya al-Kitāb wa al-Sunna）（本部）
- モフセニン慈善協会（Jam'īya al-Moḥsinīn al-Khayrīya）（本部）
- ガイス慈善協会（Jam'īya al-ghayth al-khayrīya）（本部）
- コミュニティー・センター・ヨルダン協会（Jam'īya Markaz al-Inmā' al-Ijtamā/The Community Centers Jordan）（本部）
- ザカート・コミッティー（Lajna Zakāt）

表4-2 バドル地区におけるイスラーム的NGO概要

名前	支部数	登録省庁	活動内容	支援者数
ICCS	1（ヨルダン全土：60＋病院×2，診療所×55）	社会開発省	孤児支援（教育），現金支給，物資支給	256家族＋孤児500人（シリア人これまで850家族）
K.S.	本部1，支部2（20）	文化省	孤児支援，物資・現金支給，居住支援，教育支援，クルアーン学校	シリア人2000家族
M.K.	本部1	社会開発省	孤児支援，物資・現金支給，居住支援，クルアーン学校	シリア人349家族，シリア人孤児1200人
G.K.	本部1	社会開発省	物資支給・現金支給	ヨルダン人100家族
CCJ	本部1（6）	社会開発省	教育（幼稚園・学校），職業訓練（女性）	幼児300人，子供350人，女性122人
L.Z.	本部1，病院1，医療センター2	宗教省	現金支給，食糧支援，医療サービス，障害者支援	1000家族＋毎年6000人程度，孤児320人，障害者23人

（出所）　筆者作成。

　表4-2は，活動内容を一覧にしてまとめたものである。地区において最も歴史のあるイスラーム的NGOはICCSであり，ヨルダン全土において活動を展開する老舗である。[11] 1987年に孤児院として開設された同施設は，年々活動範囲を広げ，貧者への現金・物資支援や地域の子供を対象にした放課後の学習教室を開くようになる。ラマダーン中には毎日対象者を変えてイフタールを振る舞い，洋服や食糧の配布が行なわれる。長年の地域密着型活動を通じて地域住民との関係は密にあり，地区内では広く知られている。運営は主にザカートの徴収により賄われており，支援を必要とする人々は自ら赴いて登録をし，審査を経て支援を受け取る。全国に支部がある中で，バドル地区のICCSは2014年の時点ではシリア人支援を停止している状態であった。その理由は資金不足で，支援の資金源となってきた湾岸諸国からの援助が途絶えてしまったためである。[12]

　バドル地区に本部を構え，1992年に設立されたK.S.は，設立当初は支部数は首都アンマンと北部2都市の計3つであった。シリア難民流入という契

機を受けて，2013年の1年間で支部数は合計8つに増加し，アンマンには本部の他に東部を中心とした地区に小さなコミュニティ・センターをいくつも抱える。難民や地域住民の特に貧者や孤児への支援を積極的に行ない，クルアーン学校も開校している。一般にはサラフィー主義者による組織として認識されており，しばしばイスラーム主義のレッテルが貼られる。また人権や非人道的な活動がクローズアップされ，指摘されている[13]。設立当初は，貧者及び孤児への支援を行なってきたが，シリア内戦の発生を受けてシリア難民

図4-4　K.S.内の図書室（2014年8月）

支援を積極的に行ないはじめ，その活動は2012年頃から活発になった［Hasselbarth 2014］[14]。バドル地区内においても主にシリア人支援を担い，地区内には本部の他に2つのセンターを持つ。主な活動は食料及び物資の支給であり，本部には連日シリア人がひっきりなしに訪れていた。地区内の2つのセンターは，支援活動の拠点であり，支援者の登録や管理，イスラーム関連の図書室や教室を備えていた。またセンターの屋上では，子供服や成人男性及び女性の洋服が所狭しと積み上げられていて，支援を受け取りにきた人々は青いビニール袋を片手に好きなだけ詰め込む姿があった。これらの衣服は無償で提供され，制限なく持ち帰ることができた。

　M.K.とG.K.は2009年に設立され，難民や地域の貧困層を対象に地域に根ざして現金及び物資の支給を行なっている。前者は主にシリア難民支援を行ない，後者は地区内のヨルダン人が主な支援対象者である。双方ともザカートの収入を資金源とする他に，M.K.は湾岸諸国の特にクウェートとのつ

図4-5 M.K.の支援を待つシリア難民
（2014年8月）

ながりを持つことが分かった。M.K.の活動は年々拡張していて，2016年には新たにシリア人孤児のためのクルアーン学校が設立された。将来はマドラサ・幼稚園として整備する予定で，また未亡人のための職業訓練施設を構える計画がある。[15]

1997年設立のCCJは，主な活動として青少年への教育の実施，また地域の女性への職業訓練を展開している。ヨルダン大学教授と学生が中心となって設立されたという経緯からも，一般に開かれた透明性の高い組織であることがうかがえた。また聞き取りでは，唯一自らを"NGO"と英単語で称し，地域内の他の組織との差異を強調した。[16]シリア難民支援プロジェクトは，基本的にUNHCRにより計画されたもので，UNHCRが協力する事業実施パートナーからの委託を受けて実施されている。広い敷地には学校の教室に似た部屋が数多く設けられていて，スクールバスも用意されている。

バドル地区のL.Z.はヨルダン国内最大であり，モスクに併設された本部事務所の他に総合病院と障害者支援施設，またいずれもモスク横に併設されている医療センター2つを持つ。2013年度のザカート収入額は約30万JDで，[17]現金及び食料支援，医療サービスを多くのヨルダン人に提供している。L.Z.は宗教省の管理下にあるため，支援者はヨルダン国籍保持者に限定されるが，医療センター及び総合病院は一般に開放されているため，誰でも自由に医療サービスを受けることができる。モスクの側に設置された医療センターのひとつは，産婦人科・小児科と歯科が設置され，多くの地域住民が順番を待つ

姿が確認できた。無償であるこのセンターは，地域医療の要として機能している。順番待ちの列は長く待合所は常に埋まっていて，待ち時間におしゃべりに講じる人々を一日中見ることができる。地域内の住民が集うモスクに併設されていることもあり，住民が情報交換をしたり，顔を合わせる場所として活気づいていた。

　総じて見ると，地域内で活動する組織の数々は，シリア難民への対応に特化するものもありながら，地域の貧困層を対象とするものまで混在している。その活動内容は現金支給，物資支給が主要な中で，教育に特化するものや居住支援まで行なうもの，医療サービスを提供するものと多岐にわたる。L. Z. 以外は基本的に国籍にかかわらず支援を必要とする人への支援提供というのが原則であるが，特にシリア人への支援を積極的に担っている組織には，その内容を人づてに聞いたシリア人が多く集っていた。

3-3　シリア難民支援の特徴

　バドル地区内で積極的にシリア難民支援を行なう組織はK. S. とM. K. である。先述したように，現金・物資支給の他に，特徴的な支援としては住居の確保があった。国連を中心とした国際社会が運営する難民キャンプでは，テントや生活支援物資，生活に必要なインフラが用意されるが，都市では同じようにはいかない。都市で急増するシリア難民の影響は，バドル地区に限らずヨルダン国内全土で住居の賃貸料金を上げており，需要が高まる中で高騰している。こうした状況は，貧困層の生活を圧迫しているだけでなく，難民の中には賃料を支払うことができずに途方にくれたり，都市の中でもテント暮らしを余儀なくされる人々が多く発生しているのである。こうした状況を改善しようと，両組織はアパートを借り上げたり賃貸料の肩代わりを行なったりしてシリア人の住宅を確保し，提供している。住宅の確保だけではなく，そこで生活するためには様々な物資が必要になる。M. K. は居住支援とともに物資支援に力を入れており，特にラマダーン中の支援は規模の大きいものであった[18]。登録をした者を一同に集め，夏には冷蔵庫や扇風機を支給し，冬にはヒーターやガスボトル，毛布セット等を全て無償で支給している。こうした支援提供を受給することのできる者は，各組織によって異なる選定過

図4-6　M.K.によるシリア難民を対象にした冷蔵庫配布の様子
（2014年8月）

程を経て決定されている。表4-3は、シリア人支援要件及び彼らへの短期・長期的支援策の様相である。

　K.S.はUNHCRによる難民登録証の保持が必須であり、原則として支援の受給は一度きりとする。家計状況を調査するために、支援を求めて訪れる人々の居住地へ行き、インタビュー及び調査を経てから支援するか否かが決定される。M.K.も原則としてUNHCRに難民登録しており、且つヨルダンのIDカードを保持している者、また居住を証明する契約書と大家の電話番号を求める。新たにヨルダンに流入してきた人々を集中的に支援しており、さらには未亡人や負傷者を優先度の高い支援対象者として設定している。

　シリア内戦は6年目を迎え、先の見えない状況に対して、シリア人への支援策はどのように設定されているのだろうか。調査の中では、短期的・長期的というタイムスパンがそもそも念頭に無く、状況対応的に支援展開をしている様相が示唆された。シリア情勢は悪化する一方で、その見通しは見えない。シリア内戦に対する政治的解決を強く求めたのはICCSのみで、現在湾岸諸国からの支援金が滞る中で、アラブ諸国の団結によるシリア危機への解決策の必要性を強調した。また特にトルコとイランを名指しし、危機への対

表4-3 バドル地区におけるイスラーム的NGOによるシリア人支援概要

名前	シリア人支援要件	短期的支援	長期的支援
ICCS	―	現在はストップ，資金減	アラブ諸国の団結によるシリア危機への解決策必要．特にトルコとイランは危機への対応策を探すべき
K.S.	UNHCR登録証保有者のみ，居住証明，一度切り	緊急支援の継続（居住地賃貸の肩代わり，家具その他設備提供）	居住空間の確保を進める．毎月の現金給付
M.K.	UNHCR登録証保有者，一度切り，新たに流入した者，未亡人，負傷者，支援者（muʼīl）のいない者	現金給付，食糧・物資支援	支援の継続
G.K.	―	現金給付・食糧支援	―
CCJ	委託プログラムによる	教育面での支援（委託プログラムより）	なし，委託プログラムに従う

(出所) 筆者作成。

応策を探すべきであると主張した。CCJは，コミュニティ開発の必要性を強調し，シリア人については委託を受けて実施するプログラムに依るということであった。特に教育面においては，地域の子供たちへ平等な教育機会を提供することの必要性を主張した。実際にバドル地区においてシリア人への積極的な支援を実施しているK.S.は，支援の継続及び居住空間の確保と現金給付の継続，M.K.は支援継続の一点を主張した。支援の内容からは，居住空間の確保や生活に必要な物資を支給するなど，一過性の支援が継続されているように見えるが，その継続こそが彼らの都市での生存基盤を支える役目を担っていることが分かる。支援を必要とする人々に手を差し伸べる，というイスラームの教えとしての慈善行為・善行[20]が表出し，結果として都市難民の一助となっている。シリアへの帰還の目処が見えない中で，長期化難民状態にある彼らの都市での長期的な滞在を可能にする支援が実施されているのである。

4　長期化する難民状態への都市型対応の構図

4-1　イスラーム的価値の表出と眼前性――都市難民への支援枠組み

　バドル地区という大都市アンマンの一地区の事例は，多様なイスラーム的NGOが個別に，時には互いに連携を持ちながら，支援を必要とする人々への活動を担っていることを示している。支援に従事する人々は，どのような目的で，なぜ活動に携わっているのか，調査から見えてきたことは3つある。ひとつ目には，多くのイスラーム的NGO従事者が，支援を必要とする人々へ助けの手を差し伸べることはイスラームにおいて推奨されている点を従事の理由として言及し，イスラーム的な価値を認識しているということである。ICCSのボランティアは，助けを必要とする人々に手を差し伸べる仕事が好きという点に加えて，神からの報酬・賃金（ajr）を得たいとの回答が圧倒的であった。ラマダーン中は特に多くのボランティアが食料の配布を主に，運営に関わる。ラマダーン期間中は，毎日対象者を換えて様々な場所でイフタールが振る舞われ，活況を見せるのである（図4-7）。

　M. K. の代表は，人々が直面している問題を知り，彼らの間に立って支援をしたいという想いを筆者に弁した。組織名にも掲げられている「善を尽くす者（moḥsinīn）」[21]を体現するかのように，イスラームは全ての貧者及び助けの手を必要とする人々に手を差し伸べることを推奨している点を強調し，その実践を目的にしていることが強調された。M. K. のパンフレットには，冒頭にクルアーンの一節が掲げられている。雌牛章（sūra al-baqara）の施しの勧めや利子の禁止について示される部分である。

　　自分の財産をアッラーの道で費やす者たちを例えてみれば，ちょうど一粒の種が七つの穂を出し，それぞれの穂に百粒の種を付けるのと同じである。そしてアッラーはお望みの者に対し加増し給う。そしてアッラーは広大にしてよく知り給う御方。【雌牛章261節】

本一節が説くのは，施しを行なうことはアッラーの道であり，イスラームに

おいて推奨されているという点である。「善を尽くす者」としてこの道に従うというM.K.のイスラーム的な価値がクルアーンの一節を用いて示されている。また，月毎の孤児支援を募る案内（図4－8）には，同じく雌牛章の一節とハディース集から一節が引用されている。

図4－7　ICCSのイフタールのスケジュール（2014年8月）

برنامج حجوزات رمضان

ن	اليوم	التاريخ	الفئة	العمر	العدد	المشروع	هاتف	المتابع	الطعام والمطعم
	الاحد	٦/٢٩							
	الاثنين	٦/٣٠	امهات		١٠٠	من المناسك			
	الثلاثاء	٧/١	ذكور	كبار	٦٠	من المناسك			
	الاربعاء	٧/٢	اناث	٢+٣+ اطفال	٢٥	عن طريق خولة			
	الخميس	٧/٣	ذكور	صغار	٦٠	ام نور			
			اناث	٥+٦+٧	٥٥	١٢٠د ميسون فايزة			
	الجمعة	٧/٤							
	السبت	٧/٥	امهات		١٦٠	مع اطفال / نسرين			
	الاحد	٧/٦	افطار الموظفين + امهات١٠٠ عائدة عودة دفعت ١٠٠+ ت٠٧٩٦٥٩١٠٦٥						
	الاثنين	٧/٧	كشافة		٣٠	ام نور			
			اناث	٢+٣+٤	٥٥	سيدات مرج الحمام تريد باص			
١	الثلاثاء	٧/٨	ذكور	كبار	٦٠	ام نور+ ابو عبد الله الامارات	هو سيحضر الوجبات	خالد	
١	الاربعاء	٧/٩	اناث	كبار	١٠٠	١٠٠ وجبة من المطعم العربي	نحن نحضرها		
١	الخميس	٧/١٠	امهات		١٠٠	٢٠٠د ام محمد فايزة+٣٨ من بلسم فايزة			
			ذكور	صغار	٦٠	١٦٢د بلسم فايزة			
١	الجمعة	٧/١١							
١	السبت	٧/١٢	خريجات		٥٠	مسخن ام علي			
			اناث	كبار	١٠٠				
١	الاحد	٧/١٣	ذكور تميز		٣٠	نسرين / ام سعيد النتشة			
			اناث	٢+٣+٤	٥٥	عن طريق نسرين الباصات مؤمنة			
١	الاثنين	٧/١٤	افطار المحسنين والمحسنات						
١	الثلاثاء	٧/١٥	ذكور	كبار	٦٠	١٦٢د حبوب فايزة			
١	الاربعاء	٧/١٦	اناث	٥+٦+٧	٧٥	١٤٠د حبوب فيزة (نقص ٥٠د)			
١	الخميس	٧/١٧	خريجات		٥٠				
			ذكور	صغار	٦٠	٢٢٠د من إيمن / فايزة (ل٨٠ وجبة)			
٢	الجمعة	٧/١٨							
٢	السبت	٧/١٩	خريجون		٤٠				
٢	الاحد	٧/٢٠	اناث	٥+٦+٧	٧٠	١٤٨د حبوب فايزة (نقص ٥٠د)			
٢	الاثنين	٧/٢١	كشافة		٣٥	طالبات جامعة / فايزة(دفع فلوس)			
			اناث	١٠٠	كبار	طالبات جامعة / فايزة(دفع فلوس)	سيحضرن الافطار		
٢	الثلاثاء	٧/٢٢	ذكور	كبار	٦٠	تبديل			
٢	الاربعاء	٧/٢٣	٣٠ ولد٤+٥ ٣٠بنت١-٦			مجدون (منى دنون)٠٧٩٧٠٤٠٦٥١			
٢	الخميس	٧/٢٤							
٢	الجمعة	كسوة وعيدية (دون١٢ سنة الساعة ٢:٠٠ ٢٠٠ولد وبنت ٢٠د) +							

彼らはあなたに，なにを（善に）費やすかと問うであろう。言え，「良いものであなたがたが費やすものは，両親，近親たち，孤児たち，貧者たち，そして旅路にある者のためである。そしてあなたがたのなす良いことは，アッラーがよく知り給う。」【雌牛章215節】

組織への支援を募る際にも，クルアーンの一節を引用することでイスラームの教義を強調し，善行を促す姿勢を人々に訴えていることが分かる。ムスリムとしての果たすべき役割としての善行を積極的に啓蒙している点は，M.K.のイスラーム的な価値の表出の一端として捉えることができる。

K.S.の代表は助けを必要とする人々に手を差し伸べる仕事が好きであるとした上で，唯一ダアワ（da'wa）を行なうためであると主張した人物であった。ダアワは，非ムスリムに対してイスラームの教えを説き，イスラームへと呼びかけることである。すなわち，本来ダアワの対象となるのはキリスト教徒や多神教徒ら非ムスリムである。イスラーム社会内部での教宣活動を目的とするK.S.の主張からは，イスラームを社会レヴェルにおいて復興さ

図 4-8　M.K.の孤児支援を募る案内（2015 年 1 月）

せようとする動きとして確認できる。本運動の一環として，シリア難民をはじめとする貧者への支援提供や，クルアーン学校の開設，また孤児を連れてマッカ巡礼を行なう活動が展開され，これらの活動を通じて同胞ムスリムに対するイスラームの再教育もしくは指導が目的とされるのである。また，クルアーンとスンナという組織名や，クルアーンを模した絵が中心に据えられるロゴ（図 4-9）からも，組織のイスラーム的な性質を推測することができる。

　一方で CCJ 代表はコミュニティ開発の重要性を指摘し，宗教的な価値を掲げることはしないと強調した。設立者はヨルダン出身でありながら長くアメリカで教鞭をとっており，西欧的な NGO をモデルにしていることが示唆された。

　イスラーム圏において，信仰に根ざしつつ社会的な活動を展開する組織は，その特徴として，「精神的な側面ばかりでなく，広く深く信者の社会生活に根をおろしている」点が挙げられる［子島・イディリス 2012］。イスラームに

は慈善行為が内在し，貧しい人や困っている人に手を差し伸べることは，善行として神が求めるものである。善行による報酬として，天国があることは広く社会に共有されている［子島・イディリス 2012］。またイスラーム世界には，伝統的に karam（寛容）や ḍiyāfa（歓待）

図 4-9 K.S. ロゴ

という精神や，ウンマ（共同体）の概念が存在し社会に息づく。社会の根本にイスラームの伝統が存在し一定の価値観が共有されている素地を考慮すると，イスラーム的 NGO の草の根的支援は，物的ニーズの補填に加えて共有されている価値を可視化し，ウンマの一員であることの確認を相互に獲得しあう行為にも通じているのではないだろうか。イスラーム的 NGO は，人々の精神的な拠り所として機能しているだけでなくイスラームの伝統的な価値を社会と共有する。イスラーム復興の潮流において，宗教的な要素が現代に息づく場としても捉えることができる。

　2つ目には，柔軟で個別的な事業展開による状況対応的支援が継続しているという点である。シリアの今後の先行きは不透明である。国際的な難民解決策としての恒久的解決策が限界を見せる中で，都市部ではこのいずれにもあてはまらない柔軟な支援が展開されている。言い換えると，シリア人自身の自主的帰還の可能性を残しながら，且つ第三国定住を望む人々はこれへ尽力し，移住の目処が立つまでの間もしくは自主的帰還が叶うまでの間はヨルダンという現在の避難先，すなわち庇護国への一時的滞在及び定住のための自助努力を補完し，相互扶助のシステムを提供する。国際機関は難民登録や第三国定住の手配，一時的保護としての難民キャンプを提供するが，都市部ではイスラーム的 NGO が主に支援展開し，シリア人は様々な支援をはしごして獲得している。イスラーム的 NGO が実施している状況対応的支援，すなわち現金支給や必要に応じた物資の支給は，緊急援助の性質が強い。一方で，冷蔵庫やヒーターの配布に加え居住空間の確保は，長期化する難民状態

に応じた形で長期的支援の性質を備える。都市部に移動してきたシリア人にとって，自らの生存基盤を形成する上でこれらの支援は決定的な重要性を持つ。イスラーム的NGOはこれらの支援を長期的な政策として位置づけることなく，あくまでも必要性に合わせて個別的且つ柔軟な支援提供という位置づけの下で実施している。結果として，都市における彼らの生存基盤確保を助け，彼らは幅広い支援内容を重複して得ることでリスク補填をすることができる。

　3つ目には，イスラーム的NGOは独自に支援者選定の枠組みを持つということである。UNHCRに難民登録をしていることや新たにヨルダンに入国した者といった支援者要件を設けていることに加え，戸別訪問や面談を通して選定する場合が多い。また，シリア内戦戦闘員を含む負傷者や未亡人の優先といった，独自の選定基準も存在する。このような属人的な選定は，国際機関の難民認定が人道原則，公平原則，中立原則，独立原則に沿って行なわれるのに対して，独断的選好（favoritism）が指摘されるところである[Hasselbarth 2014]。イスラームには，その根底を成すシャリーアの性質に属人主義があり，イスラーム法は領土の範囲にかかわらずムスリムであればどこにいてもその適用を受ける。イスラームの伝統的社会に根ざす属人的な文化背景を考慮すれば，イスラーム的NGOの属人的選好の性質を理解することも可能になるだろう。

　バドル地区のような都市部では，様々な人々が混在する中で，細かい支援のニーズに応えることのできる規模の小さい且つ草の根的な組織が地区の様々な地点で活動を展開しているのである。

4-2　草の根的支援による都市型生存基盤の構築——即応的対応力の発揮

　ヨルダンの難民支援は，国際機関による難民キャンプの運営に始まり，多くの国際NGOが援助にあたっている。また，ヨルダン政府は，UNHCRとのMOUに基づく協力の下でシリア人を難民と認め一時的な庇護国としてのホスト役を担ってきた。UNHCRは，事業実施パートナーとしてヨルダンの各政府機関及び軍の他に，ヨルダン国内及び国際NGOと連携している。その数は14程度で，ヨルダン国内の機関としては国王のイニシアチブにより

設立された政府系の基金が4つ，法律扶助に従事するNGO[(24)]の計5つである。事業パートナー（Operational partners）として難民保護の目的で協働する機関は合計50程ある。ほぼ国際NGOで占められており，本書で取り上げたバドル地区のイスラーム的NGOはひとつとして入らない。

　国際機関，特にUNHCRは都市難民への支援の必要性を認識し，彼らへの到達を課題としてきた。また，都市部への難民支援を担うにあたり，中東アラブ世界における慈善組織，とりわけ湾岸諸国やサウディアラビアで発足した組織[(25)]との連携を模索してきた。ドナーとして資金を豊富に持ち規模の大きい湾岸ドナー諸国は，その影響力が注目されている。これまでにUNHCR主導により湾岸ドナー国，及び組織代表を集めたワークショップが度々開催されているが，協力体制は未だ確保されていない。シリア内戦への関与が疑問視され，これら組織の資金をめぐる実態解明と透明性確保の要求がなされている一方で，イスラーム主義のレッテルやテロと関連づけられ，互いの歩み寄りはむしろ遠のいている感さえある[(26)]。ローカルレジームとしてまさに都市部での活動を担うのが，本書が対象としてきた様々な草の根のイスラーム的NGOであった。これらも国際機関職員や国際NGO職員は，ICCSやK.S.をサラフィー主義，イスラーム主義的とレッテル貼りし把握している様子がうかがえた。しかしながら実態としては，国連機関が難民キャンプを中心に登録難民の管理・支援を行なうのに対して，都市部での支援提供は国際機関や国際NGOの他にこれらのローカルな組織が大きな役割を担っていることが明らかである。

　ヨルダンは2015年1月，例年に見ない大雪に見舞われた。例えば，M. K.は交通網が乱れる中で，ヨルダン北部ザアタリ難民キャンプ周辺，北部都市ジェラシュ，南部都市マダバでシリア難民50家族にヒーター，ガスボトル，毛布セット2つ，食料を供給した。国内が厳戒態勢となる中，国際機関をはじめ多くの国際NGOは職員を自宅待機にする一方で，草の根では上記のような即応的な支援が展開されていた。また同組織は，バドル地区本部において，同月17日に100 JD，洋服，27 JD分の食料（米，砂糖，油等），毛布セット2つを200家族に配布している。24日にはシリア人未亡人50人に一人50 JDずつ支給，さらに同月26日にはバドル地区でヒーターとカーペット

を 44 家族に配布した．本事例は最たる例であるが，草の根に根ざしたこのような柔軟且つ必要性に応じた支援の形態は，「即応的対応力（prompt response capability）」と呼ぶことができると考える．草の根のイスラーム的 NGO の即応的対応力が，ザカート・コミッティーの活動や国際的なコミュニティ開発を目指すプログラムの実施と相まって，シリア難民だけでなく都市内部の支援を必要とする人々へ支援の手を差し伸べ，特にシリア難民については長期化する難民状態に対するニーズに基づいた柔軟で個別的な支援が実施されている．

5 おわりに

本章は，難民ホスト国ヨルダンの都市アンマンのバドル地区を事例に，草の根のイスラーム的 NGO の活動を考察した．国内のシリア難民の大半が都市部に流入する中，国際的な援助が届きにくい都市難民はどのように自らの生存基盤を構築しているのかについて，種々のイスラーム的 NGO が属人的な支援者選定の下で柔軟且つ個別的に即応的対応力を発揮していることが明らかとなった．支援に従事する組織の人々は，イスラーム的な価値を自らの活動理由として明確に持つことが ICCS, K. S., M. K., G. K. また L. Z. いずれも見受けられた一方で，西欧的な価値を持つ CCJ も存在する．イスラーム的な価値の表出に程度の差があることも判明し，ダアワを明言した K. S. のような組織もあれば，同じくクルアーン学校を設置している M. K. は，その目的をあくまでも孤児のために教育機会を与えることであると強調している．これまでの組織研究は，特にムスリム同胞団をはじめとする種々のイスラーム主義組織への過度な着目が，全体像を捉える機会を少なくしていたことは否めない．本事例からは，イスラーム的慈善という枠組みの中に，掲げる目的や活動内容が多様であること，また世俗的である場合や西欧近代的な志向を持つ場合もあることが判明した．またシリア難民支援においては，難民状態が長期化している中で，即応的対応力の発揮が結果として彼らの都市における生存を可能にしている．財とサービスの即応的対応力の発揮による提供と同時に，イスラームにおけるウンマの概念や慈善の価値を交換し合う

イスラーム的慈善の伝統を共有する社会において，草の根的慈善の活動は展開され浸透している。

第5章
沙漠に生成される社会生態空間
——新都市マフラク——

1　はじめに

　欧米諸国や日本では既に人口の大部分が都市人口となり，都市化が顕著に見られていることはいうまでもないだろう。近年ではアジア・アフリカ諸国においても同様に都市への人口集中が進み，世界的な都市化の波が見られるが，中東地域もその例外ではない。イスラーム文明が築かれた中東世界では，「都市・農耕・遊牧の三項連関」の構図を有し続けながらも，都市の項は年々肥大化しており存在感を大きくしている。本書で取り上げてきたヨルダンは，難民の都市への流入という要素が加わって，都市化は急激に進む傾向にあり，高密化も顕著に見られる。本章では，シリア内戦の影響によって難民の流入が急激に起きたシリア国境からほど近い都市マフラクを事例に，都市の変容と草の根で展開されるイスラーム的 NGO の難民支援を論じていく。

　本章で取り上げるマフラクはマフラク県の中心都市に位置し，面積においてはヨルダンで 2 番目に大きい行政区を誇る。北はシリア国境，東はイラクとサウディアラビアに国境を接し，シリア沙漠が広がる地域でもある。マフラクを調査地とした理由には，ひとつにはシリアとの国境や難民キャンプの近くに位置するという地理的状況の特性がある。マフラクは，シリア難民の

ために最初に設置されたザアタリ難民キャンプの近くにあり，内戦を契機に大量の難民流入を経験している都市である。急激な人口増加を背景に，都市の変容や生態環境の変化が顕著に現われ，その様相が確認され得る。2つには，アンマンのバドル地区で活動を展開しているイスラーム的NGOの支部が確認されること，且つ新しく発生した地域独自の組織の双方が活動を展開しているという点である。そのため，地方都市及び大都市での活動内容の相違点や共通点が見出せるのではないか，と予想したことも挙げられる。

マフラクに注目した都市研究はほぼ存在せず，その生態的特徴や都市化現象を限定的に扱うものが僅かにあるだけである。シリア難民の流入は都市の拡張を急速に促しており，本章ではその現在進行形の都市化の過程を，シリア人を主に対象とするイスラーム的NGOの活動から明らかにする。その際には，GPSを用いた地理情報の収集と，情報空間分析の手法を用いて都市の構造を詳細に見ていきたい。ヨルダンの難民受入には，これまでの経験蓄積と歴史的連続性があるという点を踏まえて，都市マフラクの社会生態空間の生成過程を分析する。

2 沙漠に生成される社会生態空間
――都市マフラクの構造――

2-1 北部都市マフラクの概要――生態環境への着目

マフラク（al-Mafraq）はヨルダンの北部に位置する都市であり，マフラク県（Muḥāfaẓa）の中心的都市にあたる。首都アンマンから約72キロ北に車を走らせると，ヨルダンでは2番目に大きい面積約2万6389平方キロメートルのマフラク県が広がる。中心都市マフラクは面積約46平方キロメートルで，人口は32万6651人（2013年）を数える。その内の約27万7700人はシリア人とされ，実に都市人口の80％以上はシリア人によって占められていることになる。また，一日に500から600人程度の流出入があり，その多くは近隣のザアタリ難民キャンプからである。

ヨルダン建国以来，地方行政単位は変遷を遂げ，1989年頃には5県編成（アンマン，イルビド，カラク，バルカ，マアーン）から8県編成（アンマ

図5-1 マフラク県地図

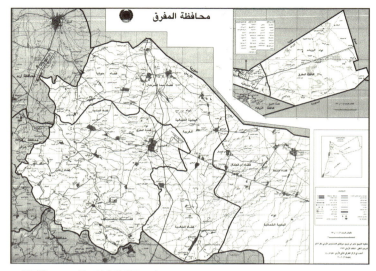

（出所）ヨルダン王立地理センター

ン，ザルカー，イルビド，マフラク，バルカ，カラク，タフィーラ，マアーン）へと変更された［北澤 2000］。マフラク県は，1985年にイルビドより切り離されて確立したものである。2001年にはマフラク市政（Baladīya al-Mafraq al-Kubrā）が成立し，都市機能の拡張が始まった。マフラク県の中心には，国境を接するイラク，サウディアラビア，シリアを結ぶ主要幹線道路が走り，物流の中継地に位置するのが都市マフラクである。また，古代遺跡の残る地域でもあり，隊商都市として栄えたローマ時代の遺跡ウンム・ジマール（Umm Jimāl）は，シリア国境近くに今もその姿を残している。マフラク県の土地利用は，39.9％が居住区，52.3％が農業用地，商業地2.14％と続く［Al-Ansari, Al-Hanbali and Knutsson 2012］。居住区は都市マフラクが最も大きく，周辺域及び北西に小さな村々が続く。商業地も都市へ付属している部分が大きいことを考慮すると，都市マフラクへの人口集中は明らかである。

　マフラク県を含むヨルダン北部及びシリア南部のSRTM画像による等高線地形図は，地域の標高差が600から800m程度であることを示している。

図 5-2　都市マフラク及び周辺域における勾配度に基づくワディの推定（1980 年航空写真）

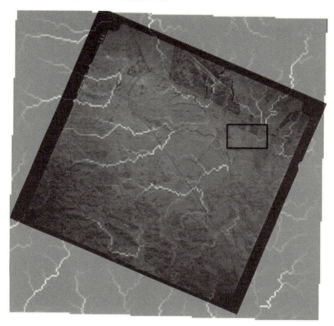

（出所）筆者作成。

本データからは，都市マフラクとその周辺域は広大な沙漠地帯を有しているために，標高差の低い地域であることが分かる。シリア国境からイラク国境に続くマフラク北東部はシリア沙漠の一部であり，地表面構成物を砂礫・礫が覆う土漠・礫漠が続いている。降雨時にはワディ（Wadi）が出現し，地下水利用による農業生産活動，定牧・移牧による牧畜が盛んである。特にオリーブやトマトの生産が盛んに行なわれている。

算出した標高データより求めた勾配度から，ワディの位置関係を推定すると，図 5-2 のように示すことができる。線の色が白くなればなるほど，ワディの水量は多くなることを意味する。本データからは，現在のザアタリ難民キャンプ（図 5-2 内の黒枠の部分）を東西から挟むように，水量の多いワディが存在していることが分かる。実際に，ザアタリ難民キャンプでは，土

図5-3 ヨルダン北部及びシリア南部における NDVI 指数

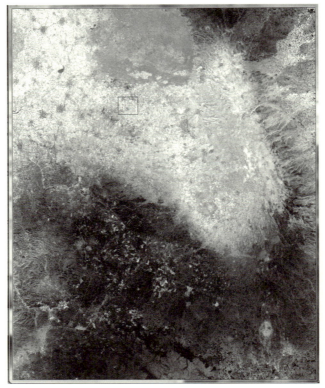

(出所) 筆者作成。

地の水はけの悪さが指摘されており，降雨時や冬季の降雪によって難民たちが暮らすテントが水浸しになったり，流されたりする事態が起きている。植生の状態はどうか。当該地域における植生指数（NDVI, Normalized Difference Vegetation Index）は，図5-3に示されるように，相対的に低いことが示唆される。一方で，北部に位置するシリア南部では，植生指数は高いことが分かる。

マフラクは，北東部に土漠・礫漠の沙漠地帯が広がり，降雨時には恵の雨がワディを流れる。人間活動は，沙漠地帯に点在する村落と移動しながら牧畜を行なう遊牧が主であり，次項で見ていく都市の部分は広大なマフラク県

で見ると小さいものである。幹線道路を走ると，前にはトマトを大量に積んだトラックが走り，横目をやると，広大な沙漠地帯に何十頭もの羊を連れてのんびりと歩くベドウィンの姿がある，そんな空間が広がっている。

2-2　都市拡張と生態空間の変容——難民流入との関係から

　都市マフラク及び県の人口は，難民流入の度に増加してきた。特に1967年の第3次中東戦争と1990年の湾岸戦争の勃発によって，帰還民や難民の流入が人口を増加させた。イラク戦争時には，イラクとヨルダンを結ぶ主要な中継地に位置する都市マフラクは，彼らの最初の通過点となった[6]。現在は，都市から僅か10キロ程東にシリア難民が居住するザアタリ難民キャンプが設置されており，ともなって都市人口も急速に増加している。人口増加は都市の空間的拡張を促し，また都市空間を形成する生態環境にも変化を与えているのである。

　では，都市マフラクの居住区はいかに変遷してきたのだろうか。手に入った最も古い航空写真データは1980年のものであり[7]，これを2000年の航空写真データ[8]と2015年の衛星データであるグーグル・アース（Google earth）の画像を用いて，その拡張を分析した（図5-4）。1980年当時はまだマフラク県は存在しておらず，イルビド県の一部であり，都市マフラクも周辺のベドウィンが定住を始めたばかりの小さな村に過ぎなかった。1967年の第3次中東戦争を逃れたパレスチナ人が居住を始めると，居住区は徐々に拡大していく。その後，湾岸戦争を経て帰還民流入で人口は増加したものの，1980年から20年後の2000年にかけて大幅な拡大には至っていない。1994年にはアール・アル＝ベイト大学の設立もあり，マフラクの学生やアンマンから通う学生の存在は都市を活性化させたと言えるだろう。

　2015年の衛星画像からは，ザアタリ難民キャンプの存在をはっきりと確認することができ，その規模の大きさを実感させる。都市マフラクの南西に見えるのがザアタリ村（qarya al-za'tari）で，都市と同様に居住区の拡大が見られる。また，現地を訪れると，ザアタリ難民キャンプとザアタリ村，そして都市マフラクの間の幹線道路沿いや，少し奥まった位置には簡易テントが張られており，シリア難民の居住が確認できた。シリア難民の流入により，

第5章　沙漠に生成される社会生態空間

図5-4 都市マフラク及び周辺域の居住区拡張の変遷図

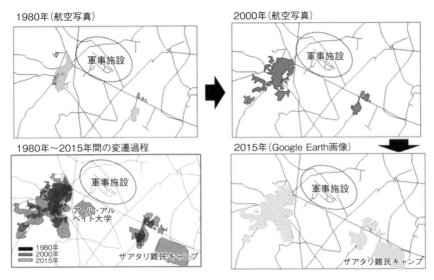

(出所) 筆者作成。

　ザアタリ村を中心に難民キャンプ周辺の居住区は拡張しており，都市マフラクも南西へと拡張していることが明らかである。ここで，南西に拡張していることには理由がある。ザアタリ難民キャンプと都市の間（北東）には軍事施設があり，物理的に人々の居住が不可能な地域が広がっているのである。そのため，現時点で都市は南西にのみ拡張している。マフラク市長は，過去に蓄積されたヨルダンの難民受入の事例を挙げて，今後の軍事施設の移設の可能性に言及した。つまり，都市マフラクとザアタリ難民キャンプの接近について予想したのである。市長は，例としてアンマン近郊都市であるザルカーを挙げ，第3次中東戦争によるパレスチナ難民によって形成された難民キャンプが，近接して設置されていた軍事施設の移設によって，現在は一大都市として発展を遂げたことに言及した。

　都市居住区の拡大は，具体的にどのように起こっているのか。市長への聞き取りからは，道路，住居，公共施設など都市機能の至る部分で拡張が起きていることが分かった。道路についてみると，2014年に世界銀行による資

金提供によりこれまでに計 3 万平方メートルが新たに整備され，今後も市政予算により計 40 万平方メートルが再開発される予定であるという。建造物についてみると，例えば 2014 年 11 月 15 日から 12 月 31 日の約 1 か月半の間で新たに 1200 戸が建築されている。これまでは，1 か月に約 100 戸程度が新築されていたのに比べると，急増していることが分かる。住居賃貸料金も人口増加にともなう需要増加によって高騰しており，これまで月 100 JD から 120 JD 程であったのが現在は 300 JD 以上へと高値をつけている。また，急増する人口に比して住居は足りておらず，例えばオフィスとして貸し出されていた場所も住居用として貸し出されたり，設備の不十分で狭い場合でも高値の賃貸料を要求されるケースが多く発生している。下水道は都市の 35％しか整備されておらず，65％は未整備である。下水道設備が未整備な状態での居住を余儀なくされている人々は，穴を掘って即席の水洗トイレを作ることで用を足している。これは，都市空間における衛生状態の悪化や伝染病の発生をもたらす懸念があり，喫緊の改善点として認識されている。

　熱帯乾燥域の生態環境で希少なのが，水資源であった。水不足が深刻なヨルダンで，都市マフラクの水利用は人口増加によって急激な増加を見せている。シリア内戦前は年間約 8 万立方メートルが利用されていたが，2014 年の年間利用量は 20 万立方メートルにまで上昇した。利用量の増加にともない，2015 年 1 月時点では，水道の使用時間は昼間の 12 時間に限定されている。人間活動の増加によって，ゴミの排出量も増加する。シリア内戦前の年間総排出量は 150 トンであったが，現在は 200 トンで，ゴミの回収や清掃にあたる人員が欠員しており，道路には回収されないまま残されているような状況も度々生じるという。こうした急激な人口増加により，住宅，下水道，衛生環境，水資源，ゴミなどの様々な部門で変化が生じているのである。また，こうした部門の統括を担うのは多くの場合，地方行政である。しかしながら，行政サービスは圧迫されるばかりで，対応は追いついていない[11]。

　都市マフラクからほど近くに設置されたのが，沙漠地帯に突如として現われたザアタリ難民キャンプであった。キャンプを「都市」と呼ぶことには異論を唱える声もあるが，キャンプは現在ヨルダンの 4 番目に大きい「都市」

と化している。2012 年 7 月に，国連難民高等弁務官事務所（UNHCR）とヨルダン・ハシミテ慈善組織（JHCO）の協働により設計・開発されたザアタリ難民キャンプは，マフラク県のヨルダン軍所有地に設置された。建設前の状況を衛星画像で確認する限り，当地には過去に人々が居住した形跡は無く，軍の管理下に置かれながらも土地利用は限定的であったことが分かる。土漠にはいくらか木々が植生し，隣地には小規模な人間活動がザアタリ村にて確認される程度である。

当初キャンプ内の住居（テント）は列状に置かれ，家族ごとに提供されていた。キャンプの規模が大きくなるにつれて，これらのテントや新たに提供されたキャラバン（仮設住宅）は，一部ではシリア人の手によってU字型や中庭のある形に再編されていった［Ledwith 2014］。この再編の動きは，中東アラブ世界の建築及び居住文化が大きく関係している。中東の居住様式は，家庭のプライバシーを重視し，外と内とを区別するもので，中庭型住宅が多く見られる。門をくぐると住居の中心には中庭が設けられており，噴水が置かれたり柑橘系や葡萄などの樹木が植えられ，さながら楽園のような空間が現われるのである。乾燥地帯では緑や水は象徴的な意味を持ち，豊かさを表わす意味も備えていたことから［陣内・新井 2002］，中庭式住宅が広く好まれたと推測できる。

こうした文化的背景を踏まえると，ザアタリ難民キャンプのある一家がニュースに取り上げられることが意味するところも見えてくる。同ニュースは，キャラバンの中に噴水を設けたというある一家のものである。仮設の住まいでありながら，彼らの生活にとっては噴水という象徴が意味することの大きさを示す一例であろう。噴水と戯れる子供たちを見守る一家の母は，噴水の存在は戦争を忘れさせてくれると語る。シリアで暮らしていた住居を思い出し，豊かな水が楽園のような空間を演出してくれる中庭のごとく，いっときの安らぎを得ている様子が非常に印象的である。

2013 年 2 月に提出された UNHCR のレポートによれば，ザアタリ難民キャンプには合計 12 万 2603 人のシリア難民が滞在しており［UNHCR 2013］，また 2013 年 11 月時点ではそのうち 90％がシリア南部のダルアー地方（Darʻā）の出身であるとされる［Ledwith 2014］。ダルアー地方はシリアの南

部に位置し，マフラク県からシリア国境を越えたところの一番近い地域である。ダルアーはシリア内戦に発展する反政府デモの運動が最初に起きた場所で，対立が激化した地域でもある。2015 年 7 月の UNUHCR のレポートでは，合計 8 万 1405 人のシリア難民のうち，ダルアーからは 53.4%，ホムスから 14.9%，ダマスカスから 7.5%，ハマーから 4.4%という比率であった［UNHCR 2015］。2015 年 7 月までに約 43 万人のシリア難民がザアタリ難民キャンプを通過したが，このうち約 12 万人はシリアへ帰還している。特にダルアー地方への帰還民の数は上昇傾向にあるとされ，2015 年 7 月の 1 か月間で 1305 人がダルアー地方の故郷へと帰還したことが報告されている。また，約 6 万人がヨルダン人による援助を受けて正式にキャンプを出た。

一方で，約 16 万人は非公式に難民キャンプを脱出し都市部へと移ったことが報告されている。ザアタリ難民キャンプを非公式に出た人々は，都市マフラクやアンマンをはじめとするヨルダンの都市部へと移動しており，これまで見てきたような都市の拡張をもたらしているのである。都市マフラクでは，新たな社会生態空間が形成されつつある。

3　都市マフラクにおけるイスラーム的 NGO の活動と特徴

3-1　慈善活動の概要

2014 年の調査によると，マフラク県には 360 の NGO が存在し，そのうち 314 が社会開発省に登録されている。[14] 慈善活動を展開している NGO が多くを占めており，中でも代表的且つ歴史のあるのがイスラーム慈善センター協会（Jam'īya al-Markaz al-Islāmīya al-Khayrīya/The Islamic Center Charity Society，以下 ICCS）である。本部はアンマンにあり，ヨルダン国内全土に活動を展開している ICCS は，マフラクにおける老舗の慈善組織として教育や貧者支援の幅広い分野で人々に浸透している。次に，近年になって名前が知られるようになっているのが，キタープとスンナ協会（Jam'īya al-Kitāb wa al-Sunna，以下 K.S.）である。K.S. はマフラクで 2013 年に活動を始め，住居の提供や物資提供を実施している。ICCS とともに第 4 章で言及したアンマンのバドル地区においても活動を展開している。

マフラクを含め北部で活動を展開しているのが，ルハマー慈善協会 (Jam'īya Ruhamā' Bayna-hum al-Khayrīya，以下 R. B.) である。シリア内戦をきっかけに 2011 年に設立され，マフラク本部は 2013 年に設置された。ルハマー（Ruhamā'）はアラビア語で，慈悲深き，の意味を持つ。本支部の他にラムサー，イルビドで活動を展開している。また，マフラクの中心部にある教会で，アライアンス宣教教会（通称 Ittiḥād/C&MA, National Christian and Missionary Alliance Church）は教会を母体にした慈善組織を運営しており，事務所も教会の中に設置されている。教会自体は 1948 年にパレスチナより避難したシリア人により開校された聖書学校をルーツに持ち，1961 年に現在の教会へと発展した。都市マフラクには Ittiḥād の他にもギリシャ正教会やローマカトリック教会があるが，慈善組織を形成しているのは Ittiḥād のみである。また，政府系の組織として，ヨルダン・ハーシム人間開発基金（通称 JOHUD, The Jordan Hashemite Fund for Human Development）が事務所を構えている。資金源は寄付やプロジェクトに対する事業収入で，政府からの資金提供は受けていない。代表は，ヨルダン王女バスマ・ビント・タラール氏（HRH Princess Basma bint Talal）である。Ittiḥād を含む，都市マフラクの主なイスラーム的 NGO，政府系 NGO は以下のとおりである。

- イスラーム慈善センター協会（Jam'īya al-Markaz al-Islāmīya al-Khayrīya/The Islamic Center Charity Society, ICCS）（支部）
- キターブとスンナ協会（Jam'īya al-Kitāb wa al-Sunna）（支部）
- ルハマー慈善協会（Ruhamā' Bayna-hum al-Khayrīya）（本部）
- アライアンス宣教教会（Ittiḥād/C&MA, National Christian and Missionary Alliance Church）（本部）
- ヨルダン・ハーシム人間開発基金（JOHUD, al-Ṣundūq al-Urdunī al-Hāshimīya lil-Tanmiya al-Basyarīya/The Jordan Hashemite Fund for Human Development）（支部）

　筆者は都市マフラクにおいて 2014 年 9 月及び 2015 年 1 月の期間に，各

表 5-1　都市マフラクにおけるイスラーム的 NGO 概要

名前	設立年	登録省庁	活動内容	支援受給者
ICCS	1982	社会開発省	教育，現金支給，物資支給，孤児支援	生徒 1500 名程度
K. S.	2013	文化省	住居提供，家賃補助，物資提供，孤児支援	―
R. B.	2011	社会開発省	住居提供，家賃補助，家具支給，物資提供，孤児支援	家具提供 8000 戸（3 都市），6000 食（食料袋）提供，孤児 7500 人
Ittiḥād	2011	社会開発省	物資提供（Welcoming Kit），医療支援，教育	400 家族（内 30 人はヨルダン人キリスト教徒／その他全てはシリア人ムスリム）
JOHUD	1977	社会開発省	文化事業，社会・教育事業の実施，物資提供	毎月 1000 人以上

（出所）　筆者作成。

　NGO の代表やスタッフ，ボランティアや援助受給者を対象に聞き取り調査及び参与観察を実施した。また，ザアタリ難民キャンプで活動に従事する国際機関職員及び国際 NGO 職員に対しても聞き取りを実施した。表 5-1 は，都市マフラクにおける主要なイスラーム的 NGO の活動内容を一覧にしてまとめたものである。

　ICCS は 1973 年にアンマンで設立された歴史の古いイスラーム的 NGO であり，母体はムスリム同胞団である。マフラク支部は 1982 年に設立され，都市の入り口に事務所を構える。敷地には事務所の他に教育施設が建ち，教室には机と椅子が数多く並んでいた。教室の他にも，2 階には講堂や教職員室，コンピューター室がある。ICCS の主な活動は主に子供への教育の提供，現金・物資の支給と孤児支援である。

　ICCS の教育支援は，幼稚園や小中学校の運営に加え，大学の運営や職業訓練サービスの提供と多岐にわたる。マフラクの ICCS は小学校を男女別学で運営しており，対象は第 5 学年から第 10 学年のヨルダン人男子生徒と第 4 学年から第 9 学年のヨルダン人女子生徒で，それぞれ 350 人と 750 人の生徒数を抱える。(15) また，幼稚園には 300 人のヨルダン人の幼児が在籍している。ここでは，教育省の制定するカリキュラムを用いると同時に，イスラームと

図 5-5　ICCS マフラク支部におけるシリア難民（午後，女子）への教育の様子（2014 年 8 月）

図 5-6　ICCS 入り口（2014 年 8 月）

英語が個別カリキュラムにより提供されている。

　シリア人への教育支援は，国際連合児童基金（UNICEF）との協同により実施されている。2014 年 8 月時点ではシリア人の子供を対象に，毎日午後 565 人に追加的な教育支援が提供されている。科目は，アラビア語，英語，科学，数学である。加えて，識字教育を提供する教室を 100 人の成人シリア人女性に，コンピューターの講義を 60 人のシリア人女子学生に提供している。さらには，100 人程度のシリア人の子供が ICCS の敷地内を自由に出入

りし，日中を過ごしている。講堂で走り回る子供たちの活気の溢れる様子が，毎日のように見られる。

　このような教育支援は，2013年まではイスラミック・リリーフ[16]の支援と運営により，700人のシリア人の子供に向けて教育が提供されていたが，2014年にはヨルダン政府の指示により中止にされている。シリア人教育支援には13人の女性教師とたくさんのシリア人ボランティアが従事している。シリア人支援の規模が大きくなる中で，地域に根ざしたICCSの活動は，ヨルダン人とシリア人双方を対象に展開されていた。

　次に，シリア人支援を契機にマフラク支部が設けられたK.S.である。町の端に位置するビルの一角に事務所を構え，代表はアンマンの本部と支部を頻繁に行き来しながら運営を行なっている。活動は，シリア人への食料と物資の配布に加え，家賃の肩代わりや住居の確保が主要な内容であり，その様子は事務所の壁にも活動内容の紹介として撮影された写真が並ぶ。都市内部だけでなく，ザアタリ難民キャンプへは2012年より約8000のキャラバンを提供しており，その総額は1千万JDに上る［UNHCR 2014］。K.S.の支援対象は専らシリア人であり，住居の確保から，電気製品や家具の調達と配布，子供へのミルクや衛生用品の配布が積極的に実施されている。将来は，子供のための幼稚園と学校の建設を計画しており，より安定的な収入源の確保と恒久的な事務所の設置が急務とされていた。収入源はザカート[17]の他に湾岸諸国をはじめとするアラブ諸国より資金を得ており，サウディアラビアとクウェートより得る収入は，それぞれ37％ずつを占めるとされる［UNHCR 2014］。

　R.B.は北部を拠点に事務所を構え活動を展開しているイスラーム的NGOで，都市マフラクの東側に事務所を構える。2階には講堂が設置され，3階には代表の部屋と共に幾つかの部屋が並び，奥には中東でよく見られる床に座る形式の広いサロンが設けられている。主な活動は，孤児支援，住居家賃の肩代わりや住居の確保，食料をはじめとする物資提供である。またザアタリ難民キャンプへのキャラバン提供も実施されており，これまでに約7000を提供したとされる[18]。また，未亡人や引率者のいないシリア難民女性のためのシェルターを開設しており，該当する女性が入居している。また，これま

でに本部と支部のある3都市において，計8000の住居に様々な家具を提供していることが主張されている[19]。支援を求めに訪れる人々に備えて，事務所ビルの敷地にある入口広場にはプレハブの受付が設けられており，登録の審査が行なわれていた。シリア難民を契機に設立されたイスラーム的NGOで，代表及びトップ層はいずれも宗教的指導者（Sheikh）である。K.S.と共にサラフィー主義者による組織であるとされる[20]。

　Ittihādは教会により運営されている慈善組織で，教会の牧師を筆頭に多くのボランティアによって運営されており，外国からボランティアが訪れていた。カナダ生まれのアルバート・ベンジャミン・シンプソン（1843-1919）により超教派の宣教団体として1887年にクリスチャン・アンド・ミッショナリー・アライアンス（通称C&MA）は設立された。国際的なネットワークを持ち，その広がりは70か国に達する。筆者がフィールドワークを行なった際には，このネットワークを通じてアメリカのC&MA教会から訪れたアメリカ人ボランティアが滞在中であった。これまでに20か国から約40人のボランティアが受け入れられており，アンマンからも20人のヨルダン人キリスト教徒がボランティアに従事してきた。彼らの宿舎も教会の2階に備えられている。また，現地スタッフとボランティアは地元ヨルダン人キリスト教徒が多い。

　国際色豊かで，キリスト教の紐帯の下で連帯し，慈善活動が担われているが，現在の支援提供者はほとんどがシリア難民のムスリムである。支援は，ウェルカム・キット（welcoming kit）[21]の配布に始まり，医療サービスや食料の配布を家庭訪問式に行なう。教育の分野では，シリア難民の子供たちを対象に2セメスターの非公式な学校を運営しており，英語，アラビア語，数学，科学の4科目が提供されている。毎週金曜にはスポーツイベントも開催されており，毎回40人程の子供が参加しているという。現在教会の上部は改修中であり，4階建ての建物が建設される予定である。スタッフの寄宿施設に加え，教育のための教室を確保し，シリア難民をはじめ地域の人々への職業訓練を目的とした教室が幾つか設置される予定であるという。将来は，総合的なコミュニティ・センターとして事業を拡張し，より多くの人々に支援の手を差し伸べることが課題とされている。教会の一階には礼拝を行なう

礼拝堂があり，そのほかにも応接間，キッチン，事務所を備えている。

図5-7　建築中の Ittiḥād（2014年8月）

　JOHUD は都市マフラクの入り口に事務所を構え，その中には UNHCR など幾つかの国際機関の事務所も設置されている。女性の代表が率いるマフラク支部では，①慈善活動及びキャンペーン活動，②文化事業，③雇用対策事業，④ナレッジ・ステーションの運営，⑤社会事業の5つを柱にヨルダン人への活動を展開している。シリア人へ特化した事業としては①高齢者向けサービス，②子供・母親対象のワークショップ（ヨルダン人とシリア人双方を対象にしている），③ UNHCR によるプロジェクトの実施がある。プロジェクトを通して，子供，女性，高齢者，貧困者に対して種々の支援が行なわれていることが分かる。現金の支給はなく，開催するワークショップやセンターに人々が直接足を運ぶことによって，情報や知識また物資を得る機会を提供している。組織として掲げられているのは，イスラームの宗教的な慈善の概念というよりも，設立の経緯や組織名にあるように「人間開発（Human Development）」という概念が大切にされ，ヨルダン国王のトップダウン的なモデルの下でコミュニティや個人のエンパワーメントを目指す活動が展開されているといえるだろう。

3-2　シリア難民支援の特徴と都市拡張にともなう慈善の内在化

　イスラーム的 NGO や王族主導型 NGO は，それぞれ独自の特色を持ちながら，地域密着型の草の根的支援を都市内部に提供している。例えば，

表 5-2　都市マフラクにおけるイスラーム的 NGO のシリア人支援概要

名前	シリア人支援要件	短期的支援	長期的支援
ICCS	UNHCR 登録証の保持，個別面談	支援を必要とする人々への物資提供，現金支給の継続	なし
K. S.	UNHCR 登録証保有者のみ	支援を必要とする人々への物資，現金支給の継続，住居確保	なし
R. B.	UNHCR 登録証の保持，個別面談	家具提供，住居確保，物資提供の継続	湾岸諸国との協働を促進
Ittiḥād	個別面談	戸別訪問による食糧提供，医療サービス提供の継続	国際 NGO との協働を促進（プロジェクト別）
JOHUD	UNHCR 登録証	プロジェクトに沿った支援提供の継続	UNHCR と地域機関との連携促進

（出所）　筆者作成。

　ICCS は従来より支援してきた地元ヨルダン人の存在に配慮しながらも，急増するシリア難民には，特に子供への教育支援に特化して取り組んでいるし，K. S. や R. B.，Ittiḥād は支援対象者のほとんどをシリア難民が占める状態で，その支援には緊急支援的な要素も多く含んでいる。また，事業の拡張を目指す動きも見られる。

　表 5-2 はマフラクで活動するイスラーム的 NGO のシリア人支援要件及び支援の計画についてまとめたものである。長期的な計画については設定されず，アンマンでも聞かれたように，シリア情勢の先行きが見えず難民の帰還は難しいとされる中で，今後の見通しは立たないという回答が多数を占めた。そんな中，R. B. はより事態を好転させるためには近隣諸国との連携が必要であるとし，これまで築いてきた湾岸アラブ諸国やサウディアラビアという国々との連携をより密にし，今後も強化していく予定であると説明した。R. B. は現在 3 つの組織と連携している。ひとつはサウディアラビアに本部を持つ「イスラーム世界連盟（Rābiṭa al-'ālim al-Islāmī, Muslim World League，通称ラービタ）[22]」，またその傘下に置かれる下部組織「発展と回復のための国際機構（al-Muwassasa al-'ālimīya lil-i'mār wa al-tanmiya）」，2 つ目は，「サウード・ビン・ファヒド慈善協会（Muassasa Sa'ūd bin Fahid al-Khayrīya）[23]」，3 つ目はカタルのドーハに本部を置く「カタル慈善協会

（Jam'īya Qatar al-Khayrīya)」である。サウディアラビアとカタルに張りめ⁽²⁴⁾ぐらされたネットワークを通じて，税制面では資金援助を受け取り，R.B.の運営に欠かせないものになっている。また，この資金供与はシリア人支援を拡張する上で必要不可欠なものである。残念ながら，財政資料の入手には⁽²⁵⁾至らず，R.B. の資金繰りは依然として不透明である。年間に両国からは何度も NGO 関係者が R.B. を訪問している様子が確認でき，その度に新たな施設が設けられたり，難民キャンプへのキャラバンの支給が大々的に行なわれていることを考えると，相当な額の資金援助が実施されていることが垣間見えてくる。

　しかし，懸念もある。UNHCR 職員の指摘によると，資金の使い道には，K.S. と同様に幼児婚の斡旋など人道的に問題のある行為に対する資金使用の可能性が指摘されている。代表は結婚の斡旋を否定しており，全容は未⁽²⁶⁾だに明らかになっていない。

　Ittiḥād はこれまでも M&CA のネットワーク及びキリスト教の紐帯から国際 NGO との連携やボランティアの受け入れを行なっており，これらの促進を模索している。施設の拡充にともなって支援も拡張し，人手も必要になるため，より多くのボランティアを受け入れるための体制を整えつつあるところである。また，国際 NGO と協働することで，より包括的且つ効率的な支援提供を実施したいと考えている。JOHUD も，UNHCR をはじめとする⁽²⁷⁾国際機関や国際 NGO との連携を強化し，同時にこれまでに挙げたような小規模な草の根のイスラーム的 NGO との連携も模索したい考えである。シ⁽²⁸⁾リア危機以降，地域の NGO（多くが慈善活動に従事）は急激に増加しており，より効果的な支援提供には連携が不可欠であることが指摘された。しかしながら，これらの多くについては，年次レポートが未提出であったり，数年で消滅してしまうものも多く，実態は不明瞭な部分が多い。登録を担う社会開発省職員の口からも，数多くの NGO がレポート未提出であることの苦言が呈され，ヨルダン国家も全体像把握の難しさに直面している。⁽²⁹⁾

　ICCS，K.S.，R.B. の活動の基本姿勢は，とにかく支援を必要としている人々へ手を差し伸べ，現金支給，物資提供，住居の確保等の支援を継続していくというものである。難民一人ひとりに寄り添った細かいニーズに柔軟に

対応するために，各NGOは戸別訪問を頻繁に行ない，そのニーズ把握を行なっている。同時に，新しく流入した難民に対しては緊急援助的な支援を実施し，住居の提供や賃貸料金の肩代わりなどの長期的支援が融合しながら展開されている。つまり，筆者が指摘するところの「即応的対応力」が，都市マフラクのイスラーム的NGOによっても発揮されているのである。

連携についてはどうか。先述したように，R.B.はサウディアラビアやカタルを中心とした湾岸諸国にネットワークを持ち，連携が確認された。長期的計画を立てる上でも，資金繰りを確保するためにも，他国や他組織との連携を強化することを模索しているイスラーム的NGOがあった。また，都市部アンマンと同じように，マフラクのイスラーム的NGO同士は緩やかな連携に留まっていた。

一方で，国際的な組織との接点はアンマンと比べると多く見られた。両地区に支部が存在するICCSは，マフラク支部では教育支援を中心にUNICEFやUNESCOの国際機関との連携や国際NGO（例えばQuestscope）[30]と連携がある。IttiḥādもMercy Corps[31]などの大型の国際NGOと連携があり，何よりも全世界に広がるC&MAのネットワークを通じて連携と協働が行なわれている。Ittiḥādは，これまでに15の国際NGOと連携した経験を持つ。JOHUDも，UNHCRとの協働でシリア人支援を展開している他，同じような設立背景及び特徴を持つZENID[32]やNoor財団[33]と協働している。

シリア人が都市マフラクの80%以上を占め，人間活動のあらゆる領域が活発化し，都市には様々なニーズが生まれている。増加する都市人口のための住居をはじめ，学校や病院，モスク等の設備が不足している状態や，交通手段の拡張など様々な課題が発生している。急速な都市化に対し，政府の取り組みは追いついておらず，公共サービスの圧迫と限界が指摘された。[34]

さて，こうした状態の中で，市民レヴェルでの動きのひとつであるイスラーム的NGOの様々な活動展開は，拡張しつつある都市の性格に変化を与え始めている。ひとつは，JOHUDとIttiḥād以外の全てのイスラーム的NGOが住居の保証に取り組んでいることである。住居確保に動くK.S.やR.B.は，新しい住居を購入したり，または借り上げて，家賃を肩代わりすることでシ

リア人へ居住空間を提供している．この動きは，一時的なものではあるが，都市の住居不足の解消に一役買っているのであり，都市人口の密集化をもたらしている．また，居住に必要な家具の購入や設備投資は，地域の経済活動の活発化のひとつの契機となっているともいえよう．2つ目は，慈善活動の活動内容及び規模の拡大が，都市に不足する公共サービスを少なからず補填しているという点である．例えば，K. S. は幼稚園及び小学校の建設・運営を計画しているし，Ittiḥād は現在学校施設及び職業訓練施設を備えたコミュニティ・センターを建設中である．拡張する都市と増加する人口に対して，不足している学校教育をインフォーマルに供給するもので，不足する公共サービスの一部をイスラーム的 NGO が充足しようとしているのである．また，Ittiḥād が見せた将来像からは，地域のニーズに合わせた支援がコミュニティ全体，ひいては都市全体への発展促進へと展開していくことが予想される．

このように，都市マフラクの人間活動が活発になる中で，都市拡張にともない生まれる様々なニーズに対して，イスラーム的 NGO が対応しようとしている姿が見えてくる．イスラーム的 NGO は，イスラームの信仰に内在する慈善行為が，彼らの現実に直面する危機的な状況に対応するために組織化された一面として説明できる．こうした組織が最初に目指すのは，コミュニティの自立やエンパワーメントの要素を念頭に活動が開始されるというものではなく，支援の手を必要としている人を前にして即座に手を差し伸べるというシンプルな論理のもとで開始された．この形成過程こそが，イスラーム的 NGO に強く見られる性質であると言えるだろう．

3-3 イスラーム的要素の形態と現代的解釈

これまで，イスラーム的 NGO が，大量のシリア難民流入を眼の前にして多様な支援を展開し，活躍していることを見てきた．イスラーム的な要素の表出は様々な形態で慈善行為に現われている．本節では，イスラーム的 NGO の「イスラーム的」な要素について分析したい．

ICCS の名称には「イスラーム的慈善（Islamic Charity, al-Islāmīya al-Khayrīya）」が掲げられる．また，ロゴには中央にモスクとクルアーンが描かれ，ICCS の組織名称がアラビア語で記された月型のモチーフが両者を囲

図5-8 ICCSマフラク支部30年を記念して作られたリーフレット

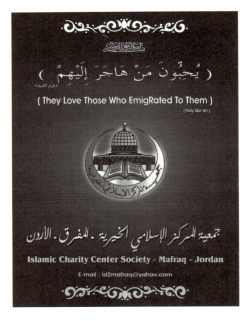

んでいる（図5-8）。ICCSマフラク支部成立30年を記念して作成されたリーフレットには，まず表紙に，彼らが日々直面しているシリア難民の流入を受けて，メッセージが記されている。すなわちクルアーンの一節からの引用であり引用されているのは集合章（sūra al-hashr）の9節の一部である。

59章全体は，予言者ムハンマドとマッカのムスリムたちがマディーナにヘジュラ（聖遷）した際に，マディーナに居住していたユダヤ教徒ナディール族との間に交わした協定について述べられている。この協定は，マッカのクライシュ族とマディーナのムハンマド軍との間で戦われたウフドの戦いの後で，ナディール族によって破られる。そのため，予言者ムハンマド率いるムスリム軍とユダヤ教徒ナディール族の間で戦いが勃発する。ムスリム軍は，堅固な砦に立て籠もったユダヤ教徒ナディール族を「神佑によって撃破し，マディーナから追放」したのであるが，本節が教えるのは，「戦闘が行われることなく降伏した敵から獲得した賠償金の配分の規定」である［中田 2014: 582］。ここで賠償金は，使徒や使徒の近親，孤児たち，貧困者たち，また旅路にある者や，マッカからマディーナへ移住し住居や財産を失った（追い出された）移住者（muhājirūn）に配分することが説かれている。9節は以下の通りである。

　　また，彼ら以前から住居（マディーナ）と信仰を手にしていた者たちは，
　　自分たちの許に移住してきた者を愛し，彼ら（移住者）に与えられたも

の（戦利品）に対して己の心に必要（物欲・嫉妬）を見出さず，またたとえ，自分自身に欠乏があっても自分自身よりも（他の同胞を）優先する。また，己の強欲から護られた者，それらの者，彼らこそ成功者である。【集合章9節】

　引用されているのは「（彼ら以前から住居（マディーナ）と信仰を手にしていた者たちは），自分たちの許に移住してきた者を愛し」の部分である。移住してきた人々を愛せ，と教えるクルアーンの一節を，現代の難民の事象に置き換えて人々に訴えかけているのである。冊子を開くと，「兄弟である難民，姉妹である難民（akhī al-lājī', akhtī al-lājy'a）」に向けてメッセージが記され，難民の権利についての9項目が羅列されている。冒頭には，「あなた方は強制的にあなた方の国（balad）を追い出されたため，われわれは慈善センターをもってあなた方を第2の国に迎え入れ，また国連に認定されている国際条約と神の教えによるあなた方の権利について説明します」とある。第2の国とは，ここではヨルダンがあてはまるであろう。第1項に掲げられる権利は庇護を求める権利であり，「全ての人間は，迫害を逃れ，どの国へも避難する権利がある」とある。2項目は「全ての人間は，命の危険が生じる場合において彼らの国に強制的に送還されない権利がある」と書かれている。本項目は，国際難民条約におけるノン・ルフールマン原則に準じていることが分かる。最後には「平和に生きる権利（hak fī al-'yīsh bi-salām）」が掲げられている。イスラームの価値が反映された全9項目は，現代の難民という事象を前提に据え，国際難民条約へも適合するものとして理解することができる。

　また，ICCSへの支援（ザカートやサダカ）を募るための用紙には，代表からのメッセージが記されている。「寛大なる慈悲深き兄弟，姉妹」との呼びかけで始まるメッセージでは，ICCSマフラク支部が1982年に設立されて以来，これまで700人の孤児の保護者となり，マフラク県の1000人以上の貧しい家族に定期的且つ単発的な支援を行なってきたことを説明している（図5-9）。最後に，「私たちは，このメッセージにあるような義務を全うし，継続させるために，ICCSへ救いと支援の手を伸ばして下さることをあなた

図 5－9　ICCS への寄付を募る登録紙

The Islamic Charity Center

Jordan - Mafraq

جمعية المركز الإسلامي الخيرية / المفرق

الأردن ـ المفـــرق

Ref.No: ....

Date : ....

لرقـم : ....

لتاريخ : ....

أخي المحسن الكريم　　　أختي المحسنة الكريمة

اجعلوا لفقراء وأيتام المفرق من إحسانكم نصيباً

السلام عليكم ورحمة الله وبركاته ،،،

ارجوا أن أحيطكم علماً بان جمعية المركز الإسلامي الخيرية فرع المفرق قد تأسست عام ١٩٨٢مـ ، وتقوم بكفالة ٧٠٠ يتيماً وتقدم المساعدات الدورية وغير الدورية لأكثر من ألف أسرة فقيرة من أبناء محافظة المفرق ، كما أنها تقدم المساعدة للأسر السورية .

راجين منكم مد يد العون والمساعدة للجمعية حتى تواصل أداء رسالتها .

والله لا يضيع اجر من أحسن عملا

والسلام عليكم ورحمة الله وبركاته ،،،

للتواصل والاستفسار (٠٧٩٥٢٠٨٧١٧ ـ ٠٧٨٩٥٠٥٨٦٣ ـ ٠٧٧٢١١١٣٢٨٤)

مدير الجمعية

سليمان محمد القاضي

المفرق ـ الشارع العام ـ بجانب مبنى المحافظة　　هاتف : ٠٢/٦٢٣١٨٤٢ ناسوخ ٠٢/٦٢٣٢٠٨٩ ص.ب : (٦٠٦)

website : www.mafraq-icc.org.　E-mail : islamicc.1982@yahoo.com

方にお願いします」と述べ，クルアーンにある次の章句が引用されている。すなわち，「アッラーは善を尽くす者への報酬を損じ給わない」という一節である。貧者や孤児などの，支援を必要とする人々へ手を差し伸べること，ここではそうした活動を行なう ICCS を支援することはムスリムにとっての善行であり，それに対してはアッラーからの報酬が約束されていることを確認している。つまり，彼らの信仰心に訴えかけ，善行の見返りには神からの報酬が待っていると念を押して，人々に支援を促していることが分かる。これらの要素は，ICCS のイスラーム的な側面の一端を示すものとして捉えることができる。

続いて R.B. のイスラーム的な側面について見ていく。R.B. 代表は，シリア人支援の内容を説明する際に，以下のような表現を用いていた。「われわれの元へ避難してきたシリア人は「ムハージルーン（移住者）」として位置づけられ，われわれは「アンサール（援助者）」として彼らの支援を行なっている」という語りである。この対概念は，ムハンマド時代のヒジュラ（聖遷）に遡り，初期イスラーム史の中でも重要な概念である。預言者ムハンマドと信徒たち「ムハージルーン」はマッカからヤスリブ（後のマディーナ）へ移住し，マディーナの人々は「アンサール」として彼らに庇護を与え受け入れ，後に剣によるジハードをもってムハンマドと信徒を支援し，戦いを勝利に導いた。よってこの対概念はジハードの理念を支え，ジハードを構成する主体として用いられる。例えば，インドからパキスタンが分離独立した際に，インドに残されたムスリムはイスラーム法の支配する領域としてのパキスタンへの移住が推奨され，これは「ムハージルーン運動」と呼ばれる。現代では，イエメンの「アンサール・アル＝シャリーア」のように，ジハードを掲げる武装組織が自らをシンボル化する際にも用いられている。R.B. は，自らを「アンサール」として捉え，共同体への新たなる移住者としてシリア人を捉え，彼らへの援助を行なっている。武力に訴えるジハードとして概念を使用するのではなく，現代の人道支援の形態に近い援助という行為を，ジハードの対概念に置き換えて用いていることが特色である。参与観察や聞き取り調査では，イスラームの善行を意味する「イフサーン」や神の報酬を意味する「アジュル」はよく聞かれ，これらが支援の動機付けになっていることは確認できる。しかし，R.B. 代表のように自らをアンサールと捉えてシリア難民支援を行なう NGO は，筆者がフィールドで調査した限りでは他に例を見なかった。

4　移動する存在としての難民
―― 熱帯乾燥域の性質と都市伸張の背景 ――

4-1　熱帯乾燥域における移動性と難民――「交差路」としてのマフラク

都市マフラクはシリアの目と鼻の先に位置し，シリア・イラク・サウディ

アラビアに続く沙漠地帯の端に位置づけられる。シリア南部に程近いことから，住居形態や生業には連関性があり，また部族社会が色濃く残る地域でもある。かつて，イスラーム世界の「移動文化」が指摘され，サウディアラビアのアラブ人を事例に，彼らが軽やかに国境を越えるさまが描かれた［片倉 2008］。片倉は，「ふつうの人たちの生活世界においても，国境や，国家にとらわれないで行動していることがおおい。遊牧をしている者はもちろんのこと，羊の剪毛や運搬作業の出稼ぎに，国境をいくつもこえて，気軽にでかけていく」［片倉 2008: 93］と指摘する。西欧列強による植民地支配を経て，人工的な国境線に基づく国民国家群が中東地域に広がったのはごく最近のことである。より遡れば，地球上のほとんどの部分では，自由な人，モノ，情報の移動が行なわれ，ボーダレスな世界が広がっていた。

　本章でとりあげてきたマフラクは，隣国をつなぐ通過地点であり，交易における輸送の要所である。北に車を走らせればシリアとの国境まではいくらの距離もない。マフラクの市場では，シリアが内戦状態にありながらも，シリア産のりんごや葡萄，マテ茶などの産物が並んでいた。国境を管理するための検問所は，シリア，イラク共に主要幹線道路に設置されており，市場に並ぶシリア産も主にこの幹線道路を通じてヨルダンに届いている。

　一方で，幹線道路を一歩外れると，延々と続く沙漠が広がる。沙漠における人々の移動は，現代は車両での移動が主であるものの，徒歩での移動がかつてより盛んに行なわれていた。交易のキャラバンが隊列を作って幾度となく横断していたし，遊牧民も自由に沙漠を移動していたのである。世界を海がつなぐ海域貿易が栄えたように，沙漠も砂の海として活発な人とモノの移動が行なわれてきた。翻って，現在もシリア難民の非公式避難ルートとして沙漠を歩いて越境する様子が報道されている[37]。公式のルートとして国境の検問所があるものの，そこにたどり着く際にスナイパーに狙われるなど，安全の確保が難しいために正式な国境越えを避けて，シリアからヨルダン，イラク，サウディアラビアに続く沙漠を歩いてヨルダンに到達する人が後を絶たない。広大なシリア沙漠という砂の海は，熱帯乾燥域の生態環境を形作る中心的な存在である。移動手段は発展し，人々の移動は圧倒的に効率化しているが，砂の海を徒歩で越えるという原初的とも言える人々の移動は現在まで

健在である。

　隣国を幹線道路がつなぐマフラクが担ってきたのは，移動する難民を受け入れる「交差路」としての役割であった。難民はよりよい経済機会を求め，また自由を求め，難民キャンプを出て都市部へと向かう。難民は，交差路としてのマフラクを経由し，さらなる大都市圏であるアンマンを目指すのである。その過程で，マフラクに住み着く人が都市を拡大させ，中継地として利用する人々がその拡張を促す。そんなサイクルがヨルダンでは繰り返されてきたのである。

4-2　難民のフロー──ヨルダンの歴史的連続性から

　パレスチナ，イラク，シリアと隣国からの人々の流入が続くヨルダンは，アラブ世界のるつぼとなりつつある。では，移動してきた人々はどのような移動と居住形態を示しているのだろうか。本節では彼らがどのように自らの生存基盤を形成し得ているのか，彼らの居住形態の側面を経済面から分析してみたい。

パレスチナ難民

　パレスチナ難民は，帰還権を主張しながらもイスラエルによる占領が続けられ，ヨルダン川西岸とガザからなるパレスチナ自治区が設定された。加えて，周辺国のパレスチナ難民及び全世界に散らばったディアスポラがそれぞれの土地で居住している。周辺国として主要なパレスチナ難民の居住地は，ヨルダン，エジプト，レバノン，シリアであり，ヨルダンは例外的に一部彼らに対してヨルダン国籍を与えているために，パレスチナ系ヨルダン人が多数を占める状況にある。ヨルダンにあるパレスチナ難民キャンプは，都市化の進展と共に整備や開発が進み，アンマンやザルカーのような大都市に設けられたものについては多くが都市と融合していった［UNHCR 2011］。また，名前についても「キャンプ（Mukhayyam）」が省略され，キャンプ名が地名として成り立っているものも多い。現在，パレスチナ難民キャンプ数は10を数え，キャンプ内には登録難民の18％のみが居住している。すなわち，多くのパレスチナ難民はキャンプを出て，都市での居住を始めている。ヨル

ダン建国時，パレスチナ難民の中には富裕層や高い教育水準を持つ人材も豊富で，ヨルダンで専門的な職業につく者も多くいた。彼らの高度な経済活動は，ヨルダン経済にとって好影響の一面も見せた。また，世界に散らばるパレスチナ人ディアスポラによる海外からの送金は，規模も大きく，ヨルダンの経済にとっての重要な財源となってきた[Francoise 2010]。パレスチナ系ヨルダン人としてヨルダン国民の大多数を占める彼らの居住は，アンマンを中心に大都市圏に広がっている。

イラク難民

次に挙げられるのがイラク難民である。イラクからの人々の流入は，2003年のイラク戦争開始が大きな引き金となったことは疑いがない。しかしながら，1990年代より当時のサッダーム・フセイン政権の圧政から逃れようと亡命や避難する人々がいた。突如発生したというよりは，90年代から続く人々の移動があり，それがイラク戦争により決定的となったというべきだろう。第3章において指摘したように，イラク戦争時は開戦を予見し，勃発前に避難できる資産を持つ者の多くがイラクを後にしていた。もっとも，イラク難民の発生が大量に確認されたのは2006年である。[39] 当時は，イラクとヨルダンの国境に難民キャンプが設置され，彼らの一時的な庇護先になった。彼らの特徴として挙げられるのが，石油の出る国からの「ミドル・クラス（middle class）」または「アッパー・クラス（upper class）」の人々，という点である[Chatelard 2010]。イラクは湾岸やサウディアラビアに続く産油国であり，人々の経済及び教育水準は中東アラブ諸国の中でも相対的に高い[Chatelard 2010]。イラクから避難した人々の多くは都市にバックグラウンド（urban background）を持ち，中間層もしくはそれ以上が多くを占め，教育水準も高く，避難先へ到着した際にはそれなりの経済資産を保持していたとされる[Chatelard 2010]。また，イラク人は，1990年代からの圧政による亡命や避難で，ヨルダンを含め周辺国及び世界にネットワークを形成していた。これまでに築かれた社会的，経済的，また政治的なネットワークは，ヨルダンとイラク間の彼らの移動を容易にしたとも考えられる。本ネットワークを活かしたイラク人の国外移住（難民化）は必ずしも一方向ではなく，多くの

場合でその形態が循環(circular)の様相を示す［Chatty and Mansour 2011; Long 2011］。ヨルダンとの循環運動を行なうイラク人は，国に残した家族の状況を確かめたり，一時的にヨルダンで働く出稼ぎの形態をとる場合が多い。

　彼らの居住形態であるが，ヨルダンではイラク人の多くはアンマンに居住しているとされ［UNHCR 2011; Pavanello 2012］，特に西部に集中している。西アンマンには通称「ガーデンズ」という地区があり，イラク人が多く住む場所として広く知られている。中心を走る道路沿いにはイラク料理を代表する川魚(マスクーフ，Masqūf)料理を提供するレストランやお菓子屋が並び，夜遅くまで賑やかな通りのひとつである。彼らの居住形態は財政手段と社会的地位に大きく左右され，西アンマンに居住するイラク人は富裕層が多い［Pavanello 2012］。一方で，未亡人や財政手段の限られた状況で貧困状態にあるイラク人の存在も報告されており，彼らの多くは東アンマンに居住している［UNHCR 2011; 佐藤 2012］。さらに指摘される点は，イラク人は財政的な資産に加えて多くの人々が何らかの社会資本(social capital)を保持している点である。イラクでは公共サービスが限定的であったために，普段から私的なサービスを利用してきた彼らは，限られた財政手段に頼る状況にあっても，私的に開業された病院や教育機関等を利用する場合が多い［Chatelard 2010］。こうした行動は，イラク人のネットワークをさらに広げ，また地域の発展も促されることになる。

　ヨルダンにおけるイラク人のプレゼンスは，経済的にポジティブなものであることが報告されている［Chatelard 2010］。これは，イラク人による高水準な投資活動がもたらした結果であり，両国間の交易の活発化や産業への投資，活発な消費行動によるものである。注目したいのは，富裕層イラク人の背景として指摘される都市の存在である。国際機関や国際NGOの調査によると，イラク難民の多くはバグダード及びその近郊から来ていることが判明している［UNHCR 2011; Chatelard 2011］。網羅的な統計が存在しないため，ヨルダンのイラク人がどの地域から来て，推移しているか，その正確な把握は難しい。しかしながら，2010年のUNHCRの統計では，75％が首都バグダードを含むバグダード県から逃れた人々であることが示されており，その[40]多くは都市居住の経験を背景に持つ人々であることが推測される。都市をバ

ックグラウンドに持つこと，すなわち都市居住を経験してきたという要素は，彼らの生業や居住の形態を移行する際に，避難先で同じような環境すなわち都市を選択させるのではないだろうか。こうした都市居住の経験が，ヨルダン第一の都市アンマンでの彼らの居住を容易にしたと考えられる。本特徴は，次に述べるシリア人の移動とは対照的な様相を示している。

シリア難民

　2012年にマフラク県にザアタリ難民キャンプが，2014年にはアズラック難民キャンプが設置され，ヨルダンのシリア難民受入は，トルコ，レバノンに続くものである。キャンプに居住する人よりも，都市部に居住するシリア難民の割合が非常に高いことはこれまでも指摘した通りである。都市アンマンを歩くとあちらこちらでシリア方言が聞かれ，シリア発の有名なアイスクリーム屋「バクダーシュ（Bakdāsh）」もアンマンやイルビドに店舗を開店させている。シリア難民の活発な経済活動は，現在各地で見られる。

　筆者の調査地であるマフラクと都市アンマンのハイイ・ナッザール双方に支部を持つK.S.への聞き取りからは，両地に居住するシリア難民の出身地に違いがあることが見えてきた。マフラクには，ザアタリ難民キャンプと同様にダルアー県の出身者が多く避難しており，支援をしているシリア人のほとんどがダルアー県出身であるという。一方で，ハイイ・ナッザールでは支援受給者はアレッポ，ホムス，首都ダマスカス及びダマスカス近郊出身者が主であった。ヨルダン全土では，第3章で指摘したように，シリア難民全体の44.5％がダルアー県からで，ザアタリ難民キャンプも9割をダルアー県出身者が占めていることが分かっている［Ledwith 2014］。アンマンとマフラクという首都と北部の両方で活動するK.S.のように，ダルアー県からのシリア難民はザアタリ難民キャンプやマフラクなどの北部に集中していることが推測される。シリアのダルアー県という地域は，シリア中央統計局の2010年の調査によると，人口は97万人でそのうち54％は農村部の住民であることが報告されている。彼らは主に農業，交易，交通・運輸等の事業に従事していた［IRD 2013］。すなわち，現在ヨルダンに避難しているダルアー県出身のシリア難民は，農村部もしくはマフラク程の小さな都市での居住を

背景に持つ者ということになる。

　したがって，推測できるのは，都市部における居住の背景を持つか否かが，移動先の難民の居住形態を決定する一要素となるという点である。大都市アンマンへのイラク人の集中は，彼らが持っていたバグダード県という都市を基盤にした居住のバックグラウンドとの関係性を指摘することができる。一方で，シリア難民は多くをダルアー県出身者が占め，マフラクなどの北部都市やザアタリ難民キャンプにおいて集住する傾向にあった。これまで指摘してきたイスラームの都市性や，熱帯乾燥域における都市中心型の発展径路は，難民の移動と居住形態の側面から一定の説得性をもって示すことができる。すなわち，イスラーム文明が展開された熱帯乾燥域において綿々と受け継がれてきた都市型の生存基盤構築の形態が，現代の人々の居住及び移動形態に影響し，決定づけられている。都市を結節点にして開かれたイスラーム世界が構築されてきた中東地域では，都市に居住する者は多様な人々，文化，モノ，情報のありとあらゆるものを受け入れ，またそれらに寛容に応じ，融合させてきた。現代の中東は国民国家群となり，生存基盤の在り方こそ国籍や国民の枠組みを備えるものに変化したが，その都市型の性質における根本的な部分は受け継がれて現代まで存在するのである。

5　おわりに

　本章では，ヨルダンの北部都市マフラクの社会生態空間の拡張と変容を見てきた。世界最大規模とも称されるシリア難民のザアタリ難民キャンプを都市から10キロ程東に抱える都市マフラクは，キャンプとの間に政府の軍事施設を有している。よって，マフラクの拡張は南西方面に起きているものの，東部との近接も時間の問題で都市マフラクに吸収される可能性が示唆された。難民ホスト国ヨルダンでは，難民の流入により都市の拡張が繰り返されており，難民受入の歴史的連続性が存在した。人間活動の増加は水資源の利用拡大やゴミの増大，インフラ整備が進むという社会生態空間の変容をもたらし，政府による公共サービスを圧迫していた。第三項としてのイスラーム的NGOは，助けを必要とする人々を目の前にして，救いの手を差し伸べてい

る。慈善行為の一部は都市の機能に内在化され，人々の生存の基盤となりつつある。さらには自らの行為を，多くの場合において人道支援という国際社会に共有される行為としてイスラーム的な価値を擦り合わせ，現代的に解釈している動態が示された。難民のフローとしては，移動及び居住形態に，彼らの生存において都市居住の背景の有無が，避難先における生存基盤構築への変数として働いている可能性が示唆された。

終章
現代中東の生存基盤を読み解く

　本書は，総合的地域研究の方法論に立脚し，持続型生存基盤論の視座のもとで，現代中東における難民問題を批判的に考察するとともに，難民の救援・支援活動の新しい形態としての「イスラーム的NGO」の実態と独自性の解明に取り組んできた。その考察にあたっては，熱帯乾燥域に属すヨルダンを中東地域研究の対象として取り上げ，首都であるヨルダン第一の都市アンマンと，シリア国境から程近い北部地方都市マフラクを対象地域に設定し，フィールドワークに基づき，それぞれの地域における難民の生存基盤や社会生態空間の分析を行なった。その中で，難民状態の長期化にともなって，難民の都市への移住・滞留が生じ，生態環境と密接に連関した彼らの都市における生存基盤確保の形態が存在することを発見し，その実態と意義について考察した。また彼らの生存基盤確保に対して草の根的に活動するイスラーム的NGOが果たしている役割や影響について，包括的な議論を行なった。最終章となるこの終章では，これまでの議論をまとめることを通じて，本書から得られる知見を示したい。まず，各章での考察や発見について概括する。

　第1章では，難民問題が中東を起源に展開されてきた歴史的な過程を検証し，国際情勢の変容にともない難民の定義も拡大してきたことを指摘した。根源的な問題としてパレスチナ難民問題があり，国際難民条約を多くの中東

諸国が批准していない中で，難民の発生及び受け入れにおいて大きなウェイトを占めるのが中東であった。イスラームにおける庇護の伝統は国際的な難民保護の枠組みと調和性を有しながらも，複合且つ多様化する難民の実態や性質に見る時代的変容に対応できていないこと，領域国民国家の存在を前提に難民に対するあるべき責任を論じるこれまでの姿勢は矛盾を抱えていることなどが明らかとなった。また，このような認識は難民問題解決を目指す難民研究の方向性とも一致するもので，新たな枠組みが必要とされていることが明らかとなった。

第2章では，中東の生態環境とその形成過程に着目し，当該地域が属する熱帯乾燥域の特質を論じた。本地域ではイスラーム文明が発生し，その際には都市が結節点の役割を果たしたことや，独自の空間概念と移動形態が存在したことを示した。熱帯乾燥域という生態環境の特性は，人工的な国境の意味を希薄化させるとともに，人々の生存基盤を都市へと集中させるもので，現代においてはその特性が都市難民の増加をもたらしているのである。

第3章では，イスラーム的NGOの概念を精査し，ヨルダンを事例にその歴史的生成と政治的な立ち位置について議論した。また，建国より継続的な難民流入を経験してきたヨルダンを「難民ホスト国」と規定して，その歴史的変遷を概観した。中東イスラーム世界におけるNGOは，「イスラーム主義組織」や「テロ組織」とのレッテル貼りが全体像を見えにくくしている点を指摘し，より広義な枠組みでの理解が必要であることを確認した。その上で，社会レヴェルでのイスラーム復興運動として「イスラーム的NGO」を位置づけ，法規範の変遷を追いながらヨルダンのNGO及び王族主導型NGOを論じた。ヨルダンの難民受入は，ヨルダン政府と国際難民レジームの運用主体である国連やドナー国との駆け引きに加えて，国内NGOの法的枠組み強化にみる統制という，二層構造の中で展開されてきた。ヨルダン建国から間もないパレスチナ難民の流入によって，国内には大量の支援対象者が溢れ，慈善活動を行なうNGOが数多く設立される。戒厳令が敷かれるとNGOの活動は同胞団を除いて限定的になり，特にヨルダン内戦以降は，NGOの政治空間への参入は徹底的に制限され，慈善性や公共性を高めていった。一方で，王族主導型NGOとして政府も自ら慈善活動に従事し，国民

の生活向上を目指すだけでなく，モスクやザカートといったイスラームの伝統的な社会制度を管理することで，宗教的な空間においてもその影響力を強めた。このような状態が示すのは，ヨルダンの国家行政とイスラームの両輪に位置する慈善行為における影響力の行使であり，NGOが国家と非国家の両方にまたがるという独特の構造であった。

　第4章では，首都アンマンにおけるイスラーム的NGOの展開と都市難民への着目から，都市における生存基盤について論じた。アンマンの発展はヨルダンの政治的文脈と密接に関係し，政治的経済的中心として機能してきた歴史的経緯を持つ。主に東に位置する難民キャンプは都市の一部と融合したこと，同時に，新たに開拓された西アンマンとの間で東西格差が広がりつつあることが明確となった。難民の80％以上が都市へと流入する中で，調査対象地域のハイイ・ナッザールでも多くのシリア難民がイスラーム的NGOの庇護提供を受けながら生存基盤を構築していた。国際的な支援が限定的な都市における難民支援は，草の根的なイスラーム的NGOの活動の「即応的対応力」の発揮により，都市型生存基盤を構築する都市難民の一助となってきたのである。中でもイスラーム的NGOの住居支援は，都市に居住し長期化する彼らの難民状態を緩和するもので，特徴的である。

　第5章では，シリア国境に近いヨルダンの北部都市マフラクを事例に，イスラーム的NGOの展開と都市の変容を検討した。都市の拡張過程を航空写真及び衛星写真を用いて明らかにし，マフラクの生態環境とその変化を標高データや勾配度を用いたワディの特定から分析した。イスラーム的NGOの活動展開は，その慈善行為が都市に内在化しつつあり，難民は公共サービスを圧迫しながらも都市拡張の原動力として位置していることが明らかとなった。また，難民のフローとして都市への滞留が見られる点について，難民の背景として都市居住の経験の有無が移動及び居住形態の一要因として作用している可能性について言及した。

　以上に述べた各章の議論を踏まえて，冒頭序章で設定した本書の目的を振り返りながら，全体を総括する。

　中東地域の難民は，多くが都市へ流入し，様々な手段を用いて自らの生存基盤を確保している。本書ではまず，国民国家の擬制が難民を生み出してい

るという本質的な指摘は難民研究において一貫して変わっていない点を確認した。この点において，中東では領域‐国家‐市民というヒエラルキーが実態としては顕在しながらも，アラビア語やイスラームという言語的・文化的な共通項を有するという地域の特徴を明らかにした。すなわち，中東地域は領域主権国家としての枠組が存在しながらも，熱帯乾燥域が作り出す柔構造により超域性が生み出されている地域として捉えることができた。こうして存在する実態としての国家とその擬制との間に難民が存在し，実態との矛盾が難民を創出し続けているのである。パレスチナ難民という根源的存在を抱え，多くの中東諸国が国際難民条約へ批准していない状態にある中で，擬制的な国家群は戦争や紛争を繰り返し，人々は縦横無尽に移動してきた。擬制的な国家の矛盾が露呈し，中東諸国での不安定な情勢が続く中で，難民状態は長期化の様相を見せている。都市へと流入した難民は，国際的な支援とイスラーム的NGOの草の根的な支援を戦略的に横断して獲得しながら生存基盤を構築している実態が存在した。

　ヨルダンを事例に，難民の流入にともなう社会動態を論じる過程では，中東イスラーム世界が熱帯乾燥域に属している生態的特徴を分析し，地域の現代における人の移動形態の特性を検討することも同時に行なってきた。古代都市の存在が際立つイスラーム世界において，アンマンは近代から現代にかけて急速に発展を遂げた中東イスラーム世界でも類をみない新しい都市である。また，国土の80％以上を沙漠が覆うヨルダンでは，生態環境の豊かな北部を中心に人々の居住が進み，都市化も進展している。難民流入を受けて，その進展にはさらに拍車がかかったことが明らかとなった。熱帯乾燥域に属す中東地域の生態的特徴として，人々の生存基盤が都市へ集中することは，現代においても変わらず，生態環境が人々の移動を規定する変数として存在することを示した。筆者は，歴史的な難民受入の連続的経験とその蓄積から，ヨルダンを「難民ホスト国ヨルダン」と名付けて論じてきた。ヨルダンは，難民流入の影響を自国の発展へと結実させる政策を取り，よって難民の滞留する都市の発展の推進が促され，難民は自らの資本を都市へと投下してきた。難民といっても一枚岩ではなく，私財を豊富に持ち込んだ者や，発展する都市の中で富を築いていった者は，西アンマンへと自らの生存基盤を移し，同

時に都市も西へと拡張していった。アンマンは，都市化の中で政治・経済の中心地へと進化したが，投資の偏在により東西格差が顕在化し，国内では首都を中心とする北部とそれ以外の地域で格差も生まれていることが明らかとなったのである。

　では，都市に集中する難民はどのように自らの生存基盤を形成していたか。本動態を読み解く鍵となるのが，イスラーム的NGOの存在であった。本書で「イスラーム的NGO」と総称する草の根の慈善組織は，都市内部において「即応的対応力」を発揮し，緊急援助的な側面が強いものの，先の見えない難民状態へ対処するための長期的な支援要素を備えて活発に活動していることが明らかとなった。イスラーム的NGOは，草の根的支援による物的ニーズの補填に加えて，イスラームという社会に共有されている価値を可視化する存在でもあった。眼前の支援を必要とする人々に手を差し伸べる，すなわち難民を支援するイスラーム的NGOは，宗教的な要素が現代に息づく場として存在することを示した。

　このように中東の難民問題は，地域が抱える矛盾とその噴出が相まって生み出されており，イスラーム的NGOが国家や国際社会による保護や支援とは一線を画す形で都市内部において難民支援を展開していた。また，難民自身も一枚岩ではなく，ヨルダンのしたたかな援助獲得と国家発展の政策をよそに自らの生存基盤構築を図り，都市形成の原動力としての側面も見せる。伝統的なイスラームの価値を社会と共有し，難民への支援を募り，また提供するイスラーム的NGOは，難民問題解決への新たな枠組み構築に対して示唆をもたらす存在である。難民研究における難民問題解決という突破口としては，イスラーム的NGOを組み込んだ国際難民支援の枠組み模索が必要であろう。テロとの戦いの時代において，こうした組織はイスラーム主義の側面やテロとの関わりばかりが懸念視され，過激主義組織のレッテル貼りがなされる傾向にある。現地で活動する国連職員や国際NGO職員からも，平等性に欠けることやその宗教性が疑問視され，協働には否定的な意見がしばしば聞かれた。イスラームの価値を共有し，社会に根ざした活動を展開するイスラーム的NGOとの協働を模索し，対話を促進させることこそ今必要とされていることだと感じる。同時に，難民問題に対して根本的な解決を目指す

国際努力も活発化されなくてはならない。

　総じて言えば，中東地域では国民国家体制の揺らぎが続き，構造的に難民を発生させ，根源的なパレスチナ難民問題も横たわり続けている。移動性や都市型の性質が備わる熱帯乾燥域における人々の生存基盤構築には，イスラーム復興の潮流の中で活発化するイスラーム的NGOが一助を担っていた。都市型生存基盤を構築しようとする人々を受け入れ支援するイスラーム的NGOは，地域社会とイスラーム的な価値を共有し，第三項として難民問題解決への新たな枠組み構築に対し示唆をもたらす存在であった。最後に，本書が世界の難民問題を少しでも解決するために寄与することができることを願い，難民の人々，特に未来を担う子供たちが生存基盤を確保し，安全と平和を少しでも享受できるようになることを願ってやまない。また，そのような世界を構築していくのは，現代に生きるわれわれの責務であることを強く心に留めたい。

注

■序章
(1) 2013年10月1日に開かれた年次会合で，アントニオ・グテーレス難民高等弁務官が発言。同会合で，UNHCR 執行メンバーは国際社会に対して，シリア難民を受け入れる周辺国に対するさらなる支援を要請した。
(2) 国際的な難民研究の枠組みとして最初に結成されたのが，1950年にリヒテンシュタインで発足した "the Association for the Study of World Refugee Problem"（通称 AWR）である［Black 2001］。同年，国連総会によって設立された UNHCR がスイス・ジュネーヴを拠点に活動を始めている。
(3) 経済学からのアプローチについては特に，難民という枠組みだけでなく移民や出稼ぎ労働者を含めた移住者の観点から，個人の私的利益追求や合理的選択を重視し，人的資本や労働市場にひきつけて論じられるものが多い［Bojras 1989; Massey et al. 1998］。
(4) ヨルダンは1954年の国籍法制定により，西岸地区及び東岸のトランス・ヨルダンの住民に対してヨルダン国籍の取得を認めた。
(5) ヨルダンの政治経済において，難民の継続的な受け入れにともなう諸外国からの援助は重要で，援助への依存が指摘される。またヨルダン研究の中では，同国は紛争に規定される中東の国際関係の中に位置づけられ，緩衝地帯の役割を担うとして分析される［Hinnebusch 2003］。
(6) 難民をめぐる国際的な枠組みとして1951年「難民の地位に関する条約」と1967年「難民の地位に関する議定書」の国際難民条約が存在するものの，ヨルダンを含めイスラーム世界の国々の多くが非批准である。ヨルダンは1998年に国連難民高等弁務官事務所（UNHCR）との間に MOU（Memorandum of Understanding）を締結し，協力関係にある。
(7) 1990年代以降になると，脱領域的なイスラーム主義運動の一端として，イスラーム的非政府組織が持つ強い宗教色の側面が世界的に注目されることとなった。ヨルダンにおいては，代表的なイスラーム主義勢力としてムスリム同胞団が専ら取り上げられ，体制維持との関係から多く議論されてきた［Wiktorowicz 2001］。特に9.11以降は，これら組織とテロリズムとの関連が注目され，過激派もしくは原理主義のレッテルのもとで議論が活発化した。このような流れの中で，NGO の中にはイスラームを前面に出すことを避ける傾向が生じた［Sparre and Petersen 2007］。
(8) 1945年にアラブ諸国連盟（アラブ連盟）が結成され，アラブ世界を構成する国々

が名を連ねた。アラブ連盟にはアラビア語を公用語と定める国々が加盟しており，現在はイラク，エジプト，ヨルダン，レバノン，サウディアラビア，シリア，リビア，スーダン，モロッコ，チュニジア，クウェート，アルジェリア，アラブ首長国連邦，カタル，オマーン，バハレーン，モーリタニア，ソマリア，パレスチナ，ジブチ，コモロの21か国となっている。シリアは2011年にアラブ連盟により資格を停止されている状態にあるが，1945年の原加盟国の一員である。

(9) イスラームに立脚した自律的な社会を保っていた前近代のイスラーム世界は，列強による分割と植民地化によって一旦消滅した［小杉 2006］。現代のイスラーム世界は，近代的な独立国家の集合体として，1969年に設立された「イスラーム諸国会議機構（Organization of the Islamic Conferences, OIC）」に代表される。OICは2011年に名称を「イスラーム協力機構（Organization of Islamic Cooperation, OIC）」に変更している。現在の加盟国数は57を数える。

■第1章

(1) 毎年6月20日は，国連総会で制定された「世界難民の日（World Refugee Day）」として，戦争や迫害によって故郷を追われた人々との連帯を表明する日であり，世界各地で様々なイベントが開催されている。http://www.unhcr.org/news/latest/2016/6/5763b65a4/global-forced-displacement-hits-record-high.html

(2) IOMは2016年1年間で地中海で亡くなった難民・移民は5079人と発表している。https://www.iom.int/news/mediterranean-migrant-arrivals-top-363348-2016-deaths-sea-5079

(3) ランダムハウス英和大辞典（1994年）参照。

(4) 語源について，オックスフォード英語辞典（2003年）によると「late Middle English: from Old French, from Latin *refugium*, from Latin *re-* 'back' + *fugere* 'flee'.」と記載されている。

(5) ランダムハウス英和大辞典（1994年）参照。

(6) 語源について，オックスフォード英語辞典（2003年）によると「late 17th century: from French *réfugié* 'gone in search of refuge', past participle of (se) *réfugier*, from *refuge* (see REFUGE)」と記載されている。

(7) 18世紀に起きたフランス革命において，宗教的迫害を受けたキリスト教新教徒（カルヴァン派）の存在が難民の原型もしくは古典的な例として存在する［緒方 1990; 小泉 2009］。

(8) 日本初の本格的刊本英和辞典。

(9) 項目の最後にかっこ付きで「新語」「最新」とのしるしが記載されている。

(10) 難民発生の根本のレヴェルで，難民が（西欧先進諸国へ）移動を始める前にそれを

阻止し，国内に留めておこうとする先進諸国の政策もしくは思惑を指す。例えば湾岸戦争時に，大量の難民を流出させているイラクを非難しながらも，イラク国内に安全避難区域を設け，国際人道組織がアクセスするように要請した。当時迫害の対象となっていたクルド人はイラク国内に留められ，難民化しなかった。その理由には，隣国のトルコが難民受入を拒否していたことがあるが，その背景にはトルコからの難民再定住を西側諸国が拒否していたことが挙げられる［阿部 2002］。

(11) UNHCR（United Nations High Commissioner for Refugees）は 1950 年に設立され，51 年の「難民の地位に関する条約」の実施監督機関である。当初は 3 年ごとのマンデート（権限）更新であったが，2004 年から恒久化された。世界各地の難民の保護及び難民問題の解決を目指すが，既に UNRWA（国連パレスチナ難民救済事業機関）の支援を受けているパレスチナ難民は対象外とされる。但し，レバノン，シリア，ヨルダン，ヨルダン川西岸，ガザ以外のパレスチナ難民は UNHCR の対象となる。

(12) 2011 年 6 月に UNHCR は，難民の 80％を途上国が受け入れているという統計報告結果を発表した。移動を強いられた世界の難民の 5 分の 4 は発展途上国に受け入れられており，先進国の難民に対する批判的な感情の高まりや，国際支援の深刻な偏りが指摘された。特に身寄りのない家族と離散した 1 万 5500 人もの庇護申請者について，深刻な状況が言及された［UNHCR 2011］。

(13) 難民問題に関して提起された疑問点の中でも，何が難民を生み出すのかについては常に関心の対象とされてきた。ナチズムを例に圧政から逃れるための手段として主に説明され，その後国民国家（nation state）が難民発生の所以であるという見解を，人権や市民権との関連で論じるものが現われてきた［Arendt 1951; Zolberg et al. 1989; 加藤 1994; Haddad 2008］。

(14) OAU 難民条約は正式には「アフリカにおける難民問題の特殊な側面を規定するアフリカ統一機構条約（Convention Governing the Specific Aspects of Refugee Problems in Africa）」であり，1951 年の国際難民条約に該当する者に加え，外部からの侵略，占領，外国の支配または出身国もしくは国籍国の一部もしくは全体における公の秩序を著しく乱す事件の故に出身国または国籍国外に避難所を求めるために常居所地を去ることを余儀なくされた者を含む。

(15) 「カルタヘナ宣言（Cartagena Declaration on Refugees）」は国際難民条約の要素に加え，暴力が一般化・常態化した状況，外国からの侵略，内戦，重大な人権侵害や公の秩序を著しく乱すその他の事情によって，生命，安全または自由を脅かされたため自国から逃れた者を含む。

(16) 庇護申請者（asylum seekers）は，難民認定を希望し，その申請をしている者を指す。

(17) 中東地域は，その範囲や規模についての括りが大きく変動してきた。欧米諸国によ

る植民地主義の時代に創出された中近東の概念は，第2次世界大戦中には中東の語が戦略上用いられることになる。また，ソ連崩壊による中央アジア・イスラーム諸国の再浮上や，70年代より顕在化してきたイスラーム復興の影響により，イスラーム世界の存在がより強調され現在に至る［小杉 2006］。

(18) 中東イスラーム世界における1951年「難民の地位に関する条約」への締約国は，アフガニスタン，エジプト，イラン，イスラエル，モロッコ，チュニジア，イエメンの7か国にとどまる。

(19) 承認した条約や合意には，「The International Covenant of Civil and Political Rights」，「The International Covenant of Economic」，「Social and Cultural Rights, The 1951 Convention relating to the Status of Refugees」，「The 1967 Protocol relating to the Status of Refugees」，「The Cairo Declaration of the Protection of Refugees and Displaced People」が含まれる。

(20) 2012年11月29日国連総会において，パレスチナの国連でのオブザーバーとしての資格を「組織」から「ノンメンバー国家」に格上げする決議案が賛成138，反対9，棄権41の賛成多数で採択された。よって，今後パレスチナは国連で「国家」としての扱いを受けることになる。国連での発言がより重要な扱いを受けることとなるが，総会で投票することはできない。国連の専門機関や条約への加盟が可能となるため，パレスチナが難民条約へ加盟することは可能となった。

(21) ニュースソースについては下記URL参照。http://www.unhcr.org/4fad0d7a9.html プレスリリース（オープニング・スピーチ原稿）については下記参照。http://www.unhcr.org/4fb270979.pdf

(22) 1949年の国連総会決議302（Ⅳ）によりパレスチナ難民に直接救済事業を行なう権限を付託されたUNRWAは，パレスチナ難民を「1946年6月1日から1948年5月15日までパレスチナに居住し，1948年の紛争でその居住と生活手段を失い，UNRWAの活動する国・地域に避難した者とその男系による直接の子孫」とされる。詳しくは，UNRWAホームページ参照。http://www.unrwa.org

(23) チュルク諸語圏・イラン諸語圏に属す中央アジアを中東に含める見方や，北アフリカを含めた見方，もしくは「中東・北アフリカ」というような地域の捉え方が見られる［小杉 2006］。

■第2章

(1) 本書で用いるクルアーン訳は，日本ムスリム協会訳『聖クルアーン』（1983年）と，中田考監修『日亜対訳クルアーン：［付］訳解と正統十読誦注解』（2014年）を参照した。

(2) アラブ化とは，「アラビア語が母語になること」と同義に捉えて用いられるが，そ

の深度によっては，トルコやイランのようにアラブ化しなかった地域も存在する［小杉 2006: 151］。イスラーム化の随伴現象として，アラブ化が母語レベルにまで浸透した地域は，「アラブ人が支配するイスラーム帝国の治下にイスラーム化が進行した地域」［小杉 2006: 154］と言える。ペルシャ語，トルコ語，マレー語のいずれにも，アラビア語からの借用語は非常に多く，イスラーム化の深度の程度がうかがえる。

(3) 母語話者が1億人以上を持つ言語としては，中国語がトップで話者数は13億7千万人，次に英語，ヒンディー語，スペイン語，アラビア語の順となっている。

(4) ヨーロッパでは都市と記号論的な対立関係にあったのは森林であり，日本では都市・村落社会と山岳地帯がその関係にあった［板垣 2000: 71］。アラブ世界では，都市と記号論的対立に入るものは森林や山地ではなく，沙漠・荒地であり，「マディーナ（都市，madīna）」もしくは「定住地（ハダラ，ḥaḍara）」対「バーディヤ（bādiya）」と表わされている［板垣 2000: 72］。アラビア語では，文明をマダニーヤ（madanīya）やハダーラ（ḥaḍāra）と表わし，両者とも都市や定住地を意味する語から派生したものであることが分かる。

(5) 加藤は，「市場圏」を「農業，遊牧・牧畜業，商工業の分業システムの中で交換を介して住民の日常的経済生活が営まれている単位」と定義している［加藤 1995: 89］。海域に加え，砂の海の如く機能した沙漠地帯に，国際商業ネットワークが広く築かれていたことは，「市場圏」が都市を結節点として広域に開かれていたことを示している。

(6) 研究代表者板垣雄三，文部科学研究費，重点領域研究 1988-91。

(7) 国民国家が中東イスラーム世界を覆う以前は，公的な性格を持った建物の多くはワクフの枠組みに属すとされる。宗教，教育，社会福祉，公益施設などの全ては，都市型隊商施設や店舗などの賃貸商業施設をはじめ，公衆浴場，集合住宅や賃貸住宅などの収益財源に依存して，維持されていた。施設建設だけでなく，その施設の維持・運営費用の財源も賄われていた。

(8) 国土交通省ホームページ参照。http://www.mlit.go.jp/tochimizushigen/mizsei/junkan/index-4/11/11-1.html

(9) 現在のヨルダン北部に位置するアジュルーン地方には，200 近くの村があったと報告されている。ヨルダン川及びその支流，またはワディによって得ることのできる水資源を活用し，農耕を中心とした生業を営んでいた［Antoun 1972］。人類学者によるアジュルーン地方の一村 Kufr al-Ma に関する詳細な記録を見つけることができる［Antoun 1972］。

(10) 独立後のヨルダン期について，北澤は西岸地区をめぐる状況の変化と部族法の廃止や行政区の細分化をはじめとする東岸の状況変化を踏まえ，a）ヨルダン川西岸の領有制限後，b）イスラエルによる西岸占領時，c）1989 年時点，d）1995 年時点に

分けて把握している。地方行政単位は徐々に細分化され，中央政府の影響力が拡大し，同時に首都を備えるアンマン行政区の急速な発展が指摘される［北澤 2001］。
(11) John F. C. Turner は英国の建築家で，セルフ・エイド型ハウジング・プログラムを推進。著書には *Freedom to build: dweller control of the housing process*（1972）や *Housing by people: towards autonomy in building environments*（1976）がある。
(12) UNRWA の公式難民キャンプであるワヒダード難民キャンプの東に位置する。東ワヒダード地区の開発プロジェクトについては，Ababsa［2010: 7-9］が詳しい。
(13) ルサイファ地区の中に位置するタハリーエ地域では，土地をめぐりヨルダン政府と土地の所有を主張するハサン部族（Banī Ḥasan）の間で争いが起きたことが報告されている。地域住民や地域に新たに入居する者は，政府からではなく，部族の長による土地供与を望むことから発生したとされる［Oesch 2010］。

■第3章

(1) 例えばシリアでは，権威主義体制において政府関係者が多くの NGO を運営する実態から，「官制 NGO」として体制維持に重要な役割を果たしている性質が指摘された［青山 2012］。
(2) 90 年代以降になると，脱領域的なイスラーム主義運動の一端として，非政府組織の強い宗教色の側面が世界的に注目されることとなった。特に 9.11 事件以降，これら組織とテロリズムとの関連が注目され，「過激派」や「原理主義」のレッテルのもとで議論が活発化した。このような流れの中で，NGO の中にはイスラームを前面に出すことを避ける傾向が生じた［Sparre and Petersen 2007］。
(3) また，こうしたイスラーム的な組織は「イスラーム行動主義（Islamic Activism）」や，公的領域においてイスラーム的価値を実現しようとする政治的なイデオロギーを有する「イスラーム主義（Islamism）」の一部として論じられてきた［末近 2013］。
(4) 中東地域においては，市民社会という概念をめぐり，どのように捉えるべきか，また概念の使用可能性について広く議論された一方で，具体的に NGO の実態について実証的に検証する試みはほとんど行なわれてこなかった［加納 2005］。
(5) ハーシム家（Banū Hāshim）は，「預言者ムハンマドの曽祖父ハーシム・イブン・アブド・マナーフを名祖とする血統上の文節単位で，クライシュ族を構成する一部」。「第一次大戦期，英国との協力のもとにオスマン帝国からヒジャーズ王国，イラク，ヨルダン，そして短命ながらシリアのハーシム王国が誕生」した［北澤 2009: 755］。
(6) 非公式とされる難民キャンプは 3 つあり，名称はそれぞれハサン（Prince Hassan, 俗称は「マハッタ」），マダバ（Madaba），スフネ（Sukhneh）で，アンマン，マダバ，ザルカーに位置する。非公式とは，UNRWA による運営ではなく，ヨルダン外務大臣直轄の機関であるパレスチナ難民局が運営していることを意味する。

(7) 「帰還民」という呼び名は必ずしも適切でない，という意見もある。流入したのは多くがパレスチナ出身であることから，ヨルダンへの流入は帰還ではない，という理由による。パレスチナ系ヨルダン人であっても，ヨルダンでの居住経験を極端に短くしてクウェートに移住した人が多くいる [Chatelard 2010]。

(8) FAFO. 2007. Iraqis in Jordan 2007 Their Number and Characteristics. http://www.fafo.no/ais/middeast/jordan/IJ.pdf（2015 年 6 月 30 日）

(9) Faisal al-Miqdad. 2007. Iraqi Refugees in Syria, *Forced Migration Review, Special Issue: Iraq's displacement crisis: the search for solutions*, Oxford University: 19-20.

(10) イラク人の流入数は UNHCR や FAFO，ヨルダン政府の公式発表のどれをとっても数値が一致せず，正確な人数を把握することが大変難しい。イラクをはじめ，イラク難民の代表的受入国であるシリア，ヨルダンのいずれも，国際難民条約を批准していないことが正確な人数把握を困難にするひとつの大きな原因となっている。

(11) アラブ諸国は，レジティマシーの欠如をともなう独裁や権威主義といった「国家の肥大化（over-stated）」によって特徴づけられる。その一方で，認識的にも構造的にも立国の根拠が希薄なこれらの国家の実体性に対して「誇張（over-stating）」がなされてきたことを問題にした [Ayubi 1995; 末近 2005]。

(12) ヒズブッラーは「テロ組織，レジスタンス，政党，医療・福祉・教育 NGO などの多様な貌」を持ち，統合型のイスラーム復興運動でありながらイスラーム主義組織である。特に教育や福祉等の領域においては，独自の社会サービスを行なうヒズブッラー系列 NGO の存在が指摘され，政府から自律した組織として活動を行なっている [末近 2013]。

(13) ヨルダンでは，宗教省がモスクの管理やザカート・ファンドの運営を行なう。

(14) これまで中東アラブ諸国では，国家の統合を図るべく様々な思想や運動が登場し，動的で宗教性を備えた一国ナショナリズムやアラブ民族主義，両者を積極的に再定義する試みを持つ近年に見るイスラーム復興の動きへと続いている。イスラーム復興は，イスラーム覚醒が個人のレヴェルから広がっていき，組織化・社会運動へと展開し，組織は「個別領域型」「統合型」の形態で立ち現われてくる [小杉 1998]。南アジアのパキスタンを事例とした研究は，復興の社会への展開がモスクの活用へとつながっていることなどを指摘している [子島 2014a; 2014b]。イスラーム復興の流れを踏まえた NGO 全般の展開については佐藤 [2014] を参照。

(15) 白波瀬は，日本の宗教団体の社会貢献活動を社会学的に分析する枠組みとして，Faith-Based という言葉のニュアンスが日本の状況には適合的でないと指摘し，FRO (Faith-Related Organization) という概念を用いる。FRO は「宗教団体・宗教者と結びつきのある組織」と定義される [白波瀬 2015]。

(16) 難民条約は，難民の法的地位についての一般的な諸原則を定めた唯一の包括的な国

際的枠組みであるが，ヨルダンを含めた多くの中東諸国はパレスチナ人の帰還権や民族自決権を主張し，批准していない。
(17) 事業実施パートナーとは，UNHCRによる支援プロジェクトを実施する契約を結んだ政府機関やNGOを指す。UNHCRからの資金に加え，実施団体の自己資金を提供してプロジェクトの実施にあたる。詳しくはUNHCRホームページ参照。http://www.unhcr.or.jp/protect/link/index.htm（2017年5月25日アクセス）。
(18) *Jordan Times* 9 Feb 2016.
(19) 本用語は，中東を含む「南」に位置する国々と地域を，変容するグローバルな国際秩序の視点から分析する目的で編纂された「グローバル・サウスはいま」のシリーズ本において提言されたものである。一定の経済成長を経て，中東は「サウス的」特徴を失いつつある，という指摘もなされている［松尾・岡野・吉川編 2016］。
(20) Wiktorowiczは，これを「市民社会の浸潤（"infiltration"）」と呼ぶ［Wiktorowicz 2000］。
(21) 例えば1937年に設立されたヨルダン青年団（Jordanian Youth League）が挙げられる［Harmsen 2008］。
(22) 第1次中東戦争はイスラエルの独立を機に1948年5月から翌49年まで戦われ，70から80万人のパレスチナ人が難民となった。1950年にはヨルダン川西岸が併合され，国籍法が改正されると，パレスチナ出身者の多くはヨルダン国籍を取得し，ヨルダン人口は増加する。
(23) イスラーム的な信条を掲げるNGOに関する正式な統計は存在しない。例えば，Wiktorowiczは「イスラーム的NGO」は1995年には49あり，全体の6％であったと記述しているが，どのようなNGOが「イスラーム的」なのかについての定義は行なわれていない［Wiktorowicz 2000］。
(24) 主犯格として指摘されたのは，ヨルダンの出身である通称ザルカーウィー（Abu Muṣ'ab al-Zarqāwī 本名はAḥmad Fāḍil al-Nazāl al-Khalāyleh）である。
(25) Sajjal al-Jam'īyyāt: http://www.societies.gov.jo（2017年2月25日アクセス）。
(26) 2013年における湾岸ドナー国及びNGOからのシリア危機に対する合計援助額は約9億米ドルに達する。ヨルダンにおいては2013年，湾岸ドナー国より合計約1億6千万米ドル，湾岸のNGOからは合計約1億4千万米ドルの貢献があったことが報告されている［UNHCR 2015］。
(27) Sajjal al-Jam'īyyāt: http://www.societies.gov.jo（2017年5月30日アクセス）。
(28) Sajjal al-Jam'īyyāt: http://www.societies.gov.jo（2017年5月30日アクセス）。
(29) シリア難民の都市への集中が全体の80％以上であると報告されているから，イラク難民やパレスチナ難民を含めると難民全体の90％は都市部に居住すると考えることができる。

(30) 現在ヨルダンには，公式のパレスチナ難民キャンプは 10 あるが，キャンプ内には登録難民の 18％のみが居住している。すなわち，多くはキャンプを出て都市部での居住を始めていることが分かる。また，正確な数値は存在しないが，イラク難民の多くも都市アンマンに居住しているとされる［UNHCR 2011］。

(31) UNHCR は，シリア難民受入の主要国であるヨルダン，レバノン，イラク，トルコを対象にし，各国政府と協働しシリア難民への支援計画をまとめた「シリア地域対応計画（Syrian Regional Response Plan: RRP）」を発表した。RRP はシリア難民の増加によって改訂が続き，2014 年には RRP6 がまとめられている。

(32) タキーヤ・ウンム・アリは，2003 年にハヤ王女（Hayā bint al-Ḥusayn）のイニシアチブにより設立され，一日に 300〜400 食程の暖かい食事をヨルダン人困窮者に対して提供している。受給者の 5〜7％はヨルダン人以外の 15 か国ほどからの出身者で構成されている。Tkiyet Um Ali: https://tua.jo（2017 年 2 月 25 日アクセス）。

■第 4 章

(1) 国内における年間平均降水量は 100 ミリで，一部では 500 ミリを超すものの，多くの地域で 150 ミリ以下である［池谷 2007］。

(2) ローマ皇帝アントニウス・ピウスの治世（138〜161 年）に建設され，33 列 6000 人を収容できるヨルダン国内最大の劇場である。

(3) チェルケス人もしくはサーカシアンと呼ばれる人々は，英語では Circassian，アラビア語では sharkasī と表記される。彼らの詳しい移動経路については，「1864 年にコーカサスを出て，オスマン帝国によりブルガリアに送られ，その後バルカンの情勢の変化により，そこからオスマン軍とともに引き揚げざるを得なくなった。その大半はアナトリアに移住したが，一部はシリアのアレッポやパレスチナやトランス・ヨルダンへ来た」とされる［北澤 1993: 179］。

(4) アラブナショナリストはアラブ独立党（Ḥizb al-Istiqlāl al-'Arabī, Independence Party）を形成した。これは英委任統治下のパレスチナで 1932 年 8 月に発足したアラブ民族主義者による党である。

(5) アンマン近郊に位置するザルカー（Zarqa）は，1949 年に設置された最も古いパレスチナ難民キャンプが元となって形成された都市である。

(6) ヨルダン人口の約半数を占める 300 万人が同大都市圏に居住している［Ababsa 2013］。

(7) GAM（Greater Amman Municipality）バドル地区職員へのインタビュー（2014 年 9 月 10 日）。

(8) これらに加えて，2016 年にはシリア人女性によって運営される「シリア女性協会」が支部を構えている。その詳細については次を参照されたい［佐藤 2016］。

(9) Jordan River Foundation, JOHUD (The Jordanian Hashemite Fund for Human Development), NHF (Noor al-Hussein Foundation)。いずれも王族主導型NGOである。
(10) 本書では後に出てくるこれらのイスラーム的NGOを，頭文字を取り省略した形で用いることとする。例えば，キタープとスンナ協会は"K. S."と表記する。イスラーム慈善センター協会については通称として先行研究において頻繁に用いられる"ICCS"と表記することとする。
(11) ヨルダンにおけるムスリム同胞団の展開については吉川［2007］を参照のこと。ICCSに関する歴史や活動の詳細はWiktorowicz［2000; 2001］佐藤［2014］を参照。
(12) ICCS代表へのインタビュー（2014年8月13日）。
(13) UNHCR職員及び国際NGO職員へのインフォーマルなインタビューでは，K. S. によるシリア人少女の幼児婚の斡旋が指摘された。これは，難民キャンプのシリア人少女と主に湾岸やサウディアラビアの男性との結婚仲介を意味し，保護者のいない少女の安全を確保し安定した生活を実現させることを目的としている，とされる。インタビューでは，実際は多くのシリア難民少女が第二，第三夫人として売買され，しばらくして結婚解消された後，難民として再登録するケースがあることを指摘した。UNHCRアンマン事務所職員へのインタビュー（2014年9月15日）。また，本件についてはメディアが指摘するところでもある。例えば，"Early, Forced Marriages Haunt Jordan's Syrian Refugees". Al Arabiya News, June 12 2013. http://english.alarabiya.net/en/perspective/features/2013/06/12/Early-forced-marriages-haunt-Jordan-s-Syrian-refugees.html（2015/09/14）
(14) 2012年にはアンマンと北部都市ラムサ及びマフラクにのみ支部が設置され，シリア人支援を展開していたが，2013年には支部数を大幅に拡張し全国に展開するようになった。現在はアンマンをはじめとし，ラムサ，イルビド，ザルカー，ゴール・アル・サーフィー，マアーン，アカバ支部がある。
(15) M. K. 代表へのインタビュー（2014年8月19日）。
(16) CCJ代表サリー氏は，例えば同地区内のK. S. は貧者支援を主に行なう宗教団体であるとし，また宗教省へ登録していると説明し，NGOである自らの団体との違いを説明した。実際には，K. S. は文化省の登録であり，サリー氏の説明は間違いである。サリー氏は，NGOとは社会開発省に登録し，開発（development）のために活動する組織であると説明し，自らの組織はこれにあたると語った。CCJ代表サリー氏へのインタビュー（2014年9月11日）。
(17) 宗教省アンマン事務所職員へのインタビュー（2014年9月16日）。
(18) 2014年夏及び2015年冬のフィールドワークによる。
(19) ICCS代表へのインタビュー（2014年8月13日）。

(20) イスラームにおける五行の中の3番目に位置する宗教的行為の「ザカート（喜捨）」はムスリムに一年を通じて所有された財産に対し一定率の支払いが課せられるものであり，社会的な弱者への奉仕が明確に規範化されている［子島 2014a］。「アッラーが責務として「人助けは善行であるから一生懸命にやりなさい」と信者に命じて」おり，その報奨として死後の楽園が保証される［子島 2014a: 96］。子島はこれを「人類への奉仕」と解し，多くのムスリムは，この理念に共感して喜捨を託し，自分の時間をボランティアとして提供していると指摘する［子島 2014a］。

(21) moḥsinīn の語は，クルアーンの集合章の16節に言及がある。すなわち「彼らの主が彼らに授け給うたものを受け取って。まことに，彼らはそれ以前，善を尽くす者（moḥsinīn）であった」と示される。

(22) UNHCR は難民問題解決に向けて，自発的帰還，庇護国定住，第三国定住の3つの恒久的解決策を追求している。最も望ましい解決策は自発的帰還であるとし，この推奨を続けているが，2001年以来自発的帰還者の数は減少する一方であることが報告されている［UNHCR 2011］。

(23) どんな状況にあっても，一人ひとりの人間の生命，尊厳，安全を尊重すること（オスロガイドライン，1994年 OCHA）。

(24) Arab Renaissance for Democracy and Development-Legal Aid，通称 ARDD-Legal Aid は，ヨルダンで2008年に設立された NGO であり，人権や法的扶助に従事している。

(25) 2013年における湾岸ドナー国の国家及び人道組織からのシリア危機への合計援助額は約9億 US ドルに達する（US$ 908.7million）［UNHCR 2014］。ヨルダンにおいては2013年，湾岸ドナー国より合計 US$166,909,764，湾岸の人道組織からは合計約1億4千万 US ドル（US$ 139.8 million）の貢献があったことが報告されている［UNHCR 2014］。

(26) UNHCR アンマン事務所職員へのインタビュー（2014年9月22日）。

■第5章

(1) ヨルダンの都市研究はアンマンに集中し［Al-Daly 1999; Ababsa 2010; 2011; Pavanello 2012］，ヨルダン全土を扱うものではフランス近東研究所によりアトラスが刊行されている［Ababsa 2013］。中東アラブ地域における都市研究は，多くがカイロやダマスカスなどの歴史のある都市に集中し，「イスラーム都市」として言及されてきた。

(2) マフラク市長へのインタビュー（2015年1月28日）。1995年の県別人口調査によると，マフラク県の人口は18万4500人であった［北澤 2001］。

(3) マフラク市長へのインタビュー（2015年1月28日）。

(4) 同上。行政単位は 1995 年以降に再度変更され，区分が増えて 12 県編成（アンマン，マダバ，ザルカー，イルビド，アジュルーン，ジェラシュ，マフラク，バルカ，カラク，タフィーラ，マアーン，アカバ）となった。
(5) NDVI 指数は，植物による光の反射の特徴を利用し，衛星データを用いて植生の状況を把握することを目的として考察された指標のことを言う。
(6) イラク人の多くは，現在アンマンに居住しているとされる［UNHCR 2011; Pavanello 2012］。彼らの居住形態は経済的状況及び社会的階層に依存し，上級階級のイラク人や比較的裕福なイラク人は西アンマンに集中する。貧困層のイラク人は多くが東アンマンに居住する。
(7) ヨルダンのアンマンにあるヨルダン王立地理センター（Royal Jordanian Geographic Center）にて入手。
(8) 同上。
(9) マフラク市長へのインタビュー（2015 年 1 月 28 日）。
(10) 以下に記述する拡張のデータはマフラク市長へのインタビューによる（2015 年 1 月 28 日）。
(11) マフラク市長へのインタビュー（2015 年 1 月 28 日）。
(12) ヨルダン・ハシミテ慈善組織（JHCO: Jordan Hashemite Charity Organization）は，1990 年に設立された政府系組織である。
(13) The New York Times 記事（2013 年 10 月 5 日）。http://www.nytimes.com/2013/10/06/world/middleeast/as-syrian-refugees-develop-roots-jordan-grows-wary.html（2015/09/28）
(14) Registry for Societies: http://www.societies.gov.jo 参照（2015 年 10 月 30 日）。
(15) ICCS 代表へのインタビュー（2014 年 8 月 7 日）。
(16) イスラミック・リリーフ（Islamic Relief）は，1984 年に設立され，イギリスに本部を置く。40 か国以上で人道支援に従事する国際 NGO である。
(17) K. S. 代表へのインタビュー（2014 年 8 月 10 日）。
(18) R. B. 代表へのインタビュー（2014 年 8 月 7 日）。
(19) R. B. 代表へのインタビュー（2014 年 8 月 7 日）。
(20) K. S. のボランティアは自らの組織はイスラーム的な（Islāmīya）組織であるとしたうえで，R. B. はサラフィー主義者らの組織であると指摘した。K. S. ボランティアへのインタビュー（2014 年 8 月 10 日）。
(21) ウェルカム・キット（welcoming kit）と呼ばれる支援物資は，新たに流入したシリア難民を対象に，生活に必要な最小限の物資をひとつにまとめたものである。ブランケット，ガス（ガスクーポン），ヒーター，マットレス等を含み，6〜7 人分約 210 JD（300 US$）相当のキットで，これまでに 4500 家族に提供されている。

(22) イスラーム世界連盟は通称ラービタと呼ばれ，1962年にスイス・ジュネーヴで創設されたイスラームの布教を目的とする国際NGOである。サウディアラビアのマッカに本部が置かれ，世界各地に事務所を持ち，イスラーム的NGOとしては世界最大である。傘下には世界モスク評議会やイスラーム法委員会がある。

(23) サウディアラビアのリヤドに本部を置く2008年に社会開発省に登録された慈善組織。サウディアラビア王国第5代国王（1982年即位）ファハド・イブン・アブドゥルアズィーズ（Fahd ibn 'Abd al-'Azīz Āl Sa'ūd）のイニシアチブを受け継いで（2005年死去）設立された。

(24) 1992年に設立されたカタル慈善協会は，カタル最大のNGOである。国内に加え海外においても活動は展開され，25の国々で事業を実施している。また，イギリス，パキスタン，インドネシアには事務所を構えている。

(25) R. B. 代表へのインタビュー（2014年8月7日）。

(26) UNHCR職員へのインタビュー（2014年9月20日）。

(27) Ittiḥād 代表へのインタビュー（2014年8月11日）。

(28) JOHUD代表へのインタビュー（2014年8月11日）。

(29) 同上。

(30) Questscope（クエスト・スコープ）は，アメリカ人Dr. Curt Rhodesのイニシアチブにより1988年に設立され，アメリカと中東を中心に青少年教育やコミュニティのキャパシティ・ビルディングを行なうNGOである。中でもヨルダンの活動は規模も大きく，教育省とのパートナーシップの下でアラブ世界において初のノン・フォーマル教育プログラムを実施した経緯を持つ。

(31) Mercy Corps（マーシー・コープス）は，1979年にカンボジア難民救済のために設立された"Save the Refugees Fund"への投資をきっかけに設立され，アメリカのポートランドに本部を持つ人道支援を目的にした国際NGOである。特定の宗教には属さず無宗派（non-sectarian）を掲げているが，クリスチャンコミュニティにより設立された経緯を持つ。名称も直訳すると「神の恵み部隊」と，キリスト教の教義が見て取れると考える。

(32) ZENID（Ma'had al-Mamlaka zyyn al-Sharaf al-tanmwī, Queen Zein Al-Sharaf Institute for Development）は，1994年にヨルダン王女バスマ・ビント・タラールにより設立され，ヨルダン及びアラブ地域における職業訓練やキャパシティ・ビルディング，研究による開発の提供を目的としている。本部はアンマンに置かれている。

(33) Noor財団（Mu'asasa Nūr al-Ḥusayn, Noor Al-Hussein Foundation）は，1985年にヨルダン国王フセインのイニシアチブにより設立された。フセイン国王死後，1999年にフセイン国王財団（King Hussein Foundation）が設立されると，Noor財団はその代表的な事業実施機関として位置づけられた。

(34) 計画省開発部門職員へのインタビュー（2015年1月12日）。
(35) K. S. 代表へのインタビュー（2014年8月10日）。
(36) イスラームにおいて月はアッラーの徴として理解される。「クルアーンのなかでは，自然現象はアッラーの徴として表現されて」おり，「月もその1つである」とされる［大塚他編 2009: 645］。
(37) 例えば，ヨルダンとシリア国境の沙漠地帯で滞留するシリア難民の存在を指摘したヒューマン・ライツ・ウォッチのニュースなど（2015年6月3日）。https://www.hrw.org/news/2015/06/03/jordan-syrians-blocked-stranded-desert（2015年11月15日）。
(38) UNRWAホームページ参照。http://www.unrwa.org/where-we-work/jordan.
(39) 2006年にバグダードの北西に位置するサーマッラーで，シーア派の重要な聖地であるアスカリーヤ・モスクが爆破される事件と大きく関連している。以降スンナ派のモスクが標的にされる爆破も起き，宗派対立の激化により内戦状態に陥ったイラクでは，家を追われ新たに国外脱出・住み慣れた土地からの移動（国内避難）という選択を強いられた大量のイラク難民が発生した。
(40) 2010年末のUNHCRの統計では，ヨルダンのイラク人の75％がバグダード県から，5％がバスラ県から，残る20％がその他の地域からの人々であると報告されている［UNHCR 2010］。

参考文献

■アラビア語文献

Al-ʿAbbādī, Mamdūḥ, *ʿAmmān: Wāqiʿ wa Ṭumūḥ, Qaḍāyā al-Thaqāfa wa al-Bīʾah wa al-ʿUmrān*, ʿAmmān: Markaz al-Urdun al-Jadīd li-l-Dirāsāt, 1996.

Abū Jābir, Ruʾūf, *Tārīkh Sharqī al-Urudun*, ʿAmmān: Dār Ward al-Urdunnīya li-l-Nashru wa al-Tawzīʿ, 2009.

Al-hamārna, muṣtafī. 1995. *Al-Urdun*, Cairo: Markaz ibn khaldūn.

Al-Ashʿr, Hind Ghassān. 2001. *Tārīkh sharqī al-urdun fī al-ʿahd al-ʿthmānī (1516-1918)*, Manshūrāt Muʾassasa Āl al-bayt.

Al-Dustūr al-Urdunnī（2011年9月29日改正）http://www.parliament.jo/node/137

Al-Dustūr al-ʿIrāqī（2005年改正）http://www.cabinet.iq/PageViewer.aspx?id=2

Al-Dustūr al-Jumhūrīya al-ʿArabīya al-Sūriya（2012年2月15日改正）http://parliament.sy/forms/cms/viewPage.php?id=59&mid=30&cid=50

Al-Dustūr al-Lubnānī（1991年9月改正）https://www.lp.gov.lb/CustomPage.aspx?id=26&

Ibrāhīm, Saʿd al-Dīn. 1988. *Al-Mujtamaʿ wa al-Dawla fī al-Waṭan al-ʿArabī*. Markaz Dirāsāt al-Waḥda al-ʿArabīya.

―――. 1998. *Dwār al-Muʾassasrāt al-Mihnīya wa al-Andīya al-Fikrīya fī daʿm al-Mujtamaʿ al-Madanī*. Markaz Ibn Khaldūn li-l-Dirāsāt al-Inmāʾ īya.

Jamaʿīya al-Kitāb wa al-Sunna. 2013. ʿAṭāʾ bi-al- Ḥudūd.

Jamaʿīya al-Moḥsinīn al-Khayrīya. 2014. Taqrīr Musāʿdāt Jamaʿīya al-Moḥsinīn al-Khayrīya munz Inshāʾhā liʿām 1431 Hijrī.

Hamarneh, Mustafa. 1995. *al-Urdun/ Silsilat dirāsāt mashrūʿ al-mujtamaʿ al-madanī wa-al-taḥawwul al-dīmūqrāṭī fī waṭan al-ʿArabī*, Cairo: I Markaz Ibn Khaldūn li-l-Dirāsāt al-Inmāʾ īya.

Rashīd, rashīd Aḥmad. 1982. al-Ṣahrāʾ al-Dākhalīya al-Urdun. Dirāsa fī al-Jighrāfīya al-Iqlīmīya. Jāmiʿa ʿyn shamus, Ashrrāf, Doctor Nabīl Sayyd Imbābī.

Sajjil al-Jamʿīyāt. 2013a. Kutayyb taṣnīf al-Jamʿīyāt hasab al-Takhṣuṣ.

―――. 2013b. al-Niḍām al-Asāsī li-Jamʿīya.

Wizāra al-Takhṭīṭ wa al-Taʿāwun al-dawlī. n.d. Al-Wafāʾ bi-al-ʿahd wa

Wizāra al-Awqāf wa al-ashʿuūn wa al-Muqaddasāt al-Islāmīya. 2013. Al-Tashrīʿāt al-Khāṣa bi-Ṣundūq al-Zakāt.

―――. 2013. Dalīl al-Khidmāt Ṣundūq al-Zakāt.
―――. 2014. Ṣundūq al-Zakāt, Dalīl al-Zakāt.

■和文文献
青山弘之．2012．「シリアの NGO ――権威主義のための市民社会建設に向けた試み」『国際情勢』国際情勢研究会，82: pp. 183-202.
アガンベン，ジョルジュ．2000．『人権の彼方に――政治哲学ノート』高桑和已訳，以文社．
―――．2003．『ホモ・サケル――主権権力と剥き出しの生』高桑和已訳，以文社．
阿部浩己．1998．『人権の国際化――国際人権法の挑戦』現代人文社．
―――．2002．「消されゆく難民たち」『現代思想』，30(13): pp. 80-93.
―――．2005．「グローバリデーションと国際人権法」『法律時報』，77(1): pp. 5-11.
―――．2005．「第 5 章 新たな人道主義の相貌――国内避難民問題の法と政治」島田征夫編『国内避難民と国際法』信山社，pp. 225-271.
―――．2014．『国際法の人権化』信山社．
アブー＝ルゴド，ジャネット．L．2001．『ヨーロッパ覇権以前――もうひとつの世界システム〈上〉』佐藤次高・斯波義信・高山博・三浦徹一訳，岩波書店．
アーレント，ハンナ．1972．『全体主義の起源 2 ――帝国主義』大島通義・大島かおり訳，みすず書房．
今井静．2014．「ヨルダンにおけるシリア難民受入の展開――外交戦略としての国際レジームへの接近をめぐって」『国際政治』，178: pp. 44-57.
池谷浩．2007．「乾燥地砂防の提案――ヨルダン国を例にして」『砂防学会誌』60(4): pp. 61-66.
板垣雄三・後藤明編．1993．『イスラームの都市性』日本学術振興会．
―――．1992．『事典 イスラームの都市性』亜紀書房．
岩永尚子．2008．『ヨルダンにおける NGO の活動に関する考察――エジプトにおける NGO（PVO）の活動と比較して（IICSMonographSeries No. 8）』津田塾大学．
―――．2009．「エジプトとヨルダンにおける NGO（PVO）に関する考察――近年のイスラム NGO の活動を中心に」『アフリカ・中東地域における社会・文化変容と国際関係』2006 年度〜2008 年度科学研究費補助金（基盤研究 B）研究成果報告書（研究代表・小倉充夫 津田塾大学学芸学部教授），pp. 34-57.
岩永真治．2008．『グローバリゼーション，市民権，都市――ヘクシスの社会学』春風社．
ウェイナー，マイロン．1999．『移民と難民の国際政治学』内藤嘉昭訳，明石書店．
鵜飼哲．2002．「難民問題の現在」『現代思想』，30(13): pp. 48-59.
臼杵陽．1991a．「パレスチナ人意識と離散パレスチナ人社会」加納弘勝編『中東の民衆と

社会意識』アジア経済研究所，pp. 161-210.
―――. 1991b.「イスラエル占領地の社会経済構造――ヨルダン川西岸の従属化を事例として」清水学編，『現代中東の構造変動』アジア経済研究所，pp. 3-55.
―――. 1998.「フセイン国王の決断とその波紋」『中東研究』325: pp. 24-31.
―――. 2011.「ヨルダン民族主義とパレスチナ解放の隘路――「アラブ民族主義」革命下のヨルダン王政」『現代思想 2011 年 4 月臨時増刊号　総特集＝アラブ革命』39(4), pp. 188-193.
江﨑智絵. 2010.「中東和平におけるヨルダンにとってのパレスチナ難民問題」『現代の中東』48: pp. 52-61.
緒方貞子監修. 1990.『難民化の力学』国際人道問題独立委員会（ICIHI）報告書，第三文明社.
大塚和夫ほか編. 2009.『岩波　イスラーム辞典』岩波書店.
大塚和夫. 2015.『イスラーム的――世界化時代の中で』講談社学術文庫.
カースルズ，S.／ M. J. ミラー. 2011.『国際移民の時代［第 4 版］』関根正美・関根薫監訳，名古屋大学出版会.
片倉もとこ. 2008.『イスラームの世界観――「移動文化」を考える』岩波書店.
加藤節. 1991.「難民問題の歴史的文脈　擬制としてのナショナル・アイデンティティ」『世界 1991 年 10 月号』岩波書店，pp. 70-81.
―――. 1996.「国民国家と難民問題」加藤節・宮島喬編『難民』東京大学出版会，pp. 1-20.
加納弘勝. 2005.「グローバル化とイスラーム PVO（NGO）――エジプトにおける福祉活動に着目して」『社会学批評』56(2), pp. 417-434.
柄谷利恵子. 2008.「国際関係論と移動する人――国際関係論の新たな射程」『政策創造研究』創刊号: pp. 1-13.
―――. 2014.「「移民」と「難民」の境界の歴史的起源――人の移動に関する国際レジームの誕生」，墓田桂ほか編『難民・強制移動研究のフロンティア』現代人文社.
私市正年. 1991.「アラブ（1）マグリブ」羽田正・三浦徹編『イスラム都市研究〔歴史と展望〕』東京大学出版会，pp. 13-77.
―――. 1993.「イスラム都市研究の動向――いわゆる「イスラム都市論」をめぐって」『ソフィア――西洋文化ならびに東西文化交流の研究』41(4): pp. 677-689.
北澤義之. 1993.「ヨルダンの国民形成――トランスヨルダン成立期を中心にして」酒井啓子編『国家・部族・アイデンティティー――アラブ社会の国民形成』アジア経済研究所，pp. 143-186.
―――. 1996.「中東の「民主化」問題――ヨルダンの事例を中心にして」『京都産業大学論集　国際関係列第 17 号』27(2): pp. 15-44.

―――. 1999.「ヨルダンの構造調整と社会問題」『中東諸国の構造調整と社会問題』日本国際問題研究所, pp. 36-50.

―――. 2000.「構造調整とヨルダンの「民主化」」『国際政治』125: pp. 45-60.

―――. 2001.「第5章 ヨルダンの地方行政制度と国家統合」伊能武次・松本弘『現代中東の国家と地方（Ⅰ）』日本国際問題研究所, pp. 105-130.

―――. 2005.「人工国家のナショナリズム――ヨルダン「国民」形成について」酒井啓子・臼杵陽編『イスラーム地域の国家とナショナリズム』東京大学出版会, pp. 213-237.

吉川卓郎. 2007.『イスラーム政治と国民国家――エジプト・ヨルダンにおけるムスリム同胞団の戦略』ナカニシヤ出版.

―――. 2015.「ヨルダン――紛争との共生」松尾昌樹・岡野内正・吉川卓郎編『中東の新たな秩序』ミネルヴァ書房, pp. 284-302.

小泉康一. 2005.『国際強制移動の政治社会学』御茶の水書房.

―――. 2009.『グローバリゼーションと国際強制移動』勁草書房.

―――. 2013.『国際強制移動とグローバル・ガバナンス』御茶の水書房.

―――. 2015.『グローバル化時代の難民』ナカニシヤ出版.

小杉泰. 1994.『現代中東とイスラーム政治』昭和堂.

―――. 1996.「国家体制・民主化・イスラーム復興――中東・イスラーム諸国の政治を考える」『中東・イスラーム諸国の国家体制と民主化』国際問題研究所, pp. 3-16.

―――. 1998.『イスラーム世界』筑摩書房.

―――. 2006.『現代イスラーム世界論』名古屋大学出版会.

―――. 2011.『イスラーム 文明と国家の形成』京都大学学術出版会.

―――. 2014.『9・11以後のイスラーム政治』岩波書店.

―――. 2015.「現代イスラームにおける国家と宗教――変容する固化像と越境するウンマ」『宗教研究』, 89(2), pp. 53-78.

小森陽一・市野川容孝. 2007.『難民』岩波書店.

佐藤麻理絵. 2014.「第2章 ヨルダン」山内直人・田中敬文・奥山尚子編『世界の市民社会2014』大阪大学大学院国際公共政策研究科NPO研究情報センター.

―――. 2014.「現代中東における市民社会組織をめぐる一考察――ヨルダンのイスラーム的NGOの展開に着目して」, 佐藤麻理絵編『中東・アジアにおける市民社会組織』2013年度国際研究発信力強化プログラム・リサーチC&M報告書.

酒井啓子. 2008.『イラクは食べる』岩波書店.

―――. 2009.「中東の国際政治――他者に規定される地域と紛争」日本国際政治学会編『日本の国際政治学3 地域から見た国際政治』有斐閣, pp. 117-136.

重富真一. 2001.「国家とNGO――問題意識と分析視角」重富真一編『アジアの国家と

NGO ―― 15 カ国の比較研究』明石書店．

嶋田義仁．2009．「砂漠が育んだ文明――アフロ・ユーラシアの乾燥地」池谷和信編『地球環境史からの問い――ヒトと自然の共生とは何か』岩波書店，pp. 104-122．

―――．2010．「アフロ・ユーラシア内陸乾燥地文明の 4 種類――乾燥地地域の人類文明史的考察」『文化人類学』，74(4): pp. 585-612．

清水宏祐編．1991．『イスラム都市における街区の実態と民衆組織に関する比較研究』東京外国語大学．

白波瀬達也．2015．『宗教の社会貢献を問い直す――ホームレス支援の現場から』ナカニシヤ出版．

陣内秀信・新井勇治編．2002．『イスラーム世界の都市空間』法政大学出版局．

末近浩太．2005．「シリアの外交戦略と対米関係――対レバノン，対イスラエル政策とイスラーム運動の動向を中心に」『国際政治』141: pp. 40-55．

―――．2013．『イスラーム主義と中東政治――レバノン・ヒズブッラーの抵抗と革命』名古屋大学出版会．

杉原薫．1999．「近代世界システムと人間の移動」『岩波講座世界歴史 19　移動と移民――地域を結ぶダイナミズム』岩波書店，pp. 3-61．

―――．2010．「持続型生存基盤パラダイムとは何か」杉原薫ほか編『地球圏・生命圏・人間圏――持続的な生存基盤を求めて』京都大学学術出版会，pp. 1-22．

―――．2012．「熱帯生存圏の歴史的射程」杉原薫ほか編『歴史の中の熱帯生存圏――温帯パラダイムを越えて』京都大学学術出版会，pp. 1-28．

鈴木恵美．2001．「現代エジプト政治と NGO ――新団体規制法の考察」『日本中東学会年報』16: pp. 209-231．

店田廣文．2009．「都市」大塚和夫他編『岩波　イスラーム辞典』岩波書店，pp. 678-681．

土佐弘之．2002．「《条件付き歓待》の国際政治――国際難民レジームの危機との関連で」『現代思想』，30(1): pp. 94-109．

―――．2005．「グローバリゼーションと人の移動――国境の風景はどう変わりつつあるのか」『法律時報』，77(1): pp. 46-51．

―――．2007．「グローバルな統治性における〈包摂／排除〉と抵抗」『情況 第三期』，66(8): pp. 85-100．

長岡慎介．2011．『現代イスラーム金融論』名古屋大学出版会．

中田考監修．2014．『日亜対訳 クルアーン』作品社．

中山裕美．2010．「アフリカにおけるリージョナリゼーションの展開――難民問題を扱う制度的枠組みの変容」『国際政治』159: pp. 87-100．

―――．2014．『難民問題のグローバル・ガバナンス』東信堂．

錦田愛子．2009．「ヨルダン政府とイラク難民――イラク戦争後の難民の動態」『文教大学

国際学部紀要』19(2): pp. 63-82.
———. 2010.「ヨルダンにおけるガザ難民の法的地位―― UNRWA 登録，国籍取得と国民番号をめぐる諸問題」『イスラーム地域研究ジャーナル』2: pp. 13-24.
日本ムスリム協会訳．1983.『聖クルアーン』日本ムスリム協会．
子島進．2005.「NGO を通して見るイスラーム復興――パキスタンの事例を中心に」『社会人類学年報』31: pp. 61-91.
———. 2010.「Diversity of Islamic NGOs: a preliminary report（特集イスラーム的 NGO の多様性）」『国際地域学研究』13: pp. 92-100.
———. 2014a.「モスクを活用する NGO 活動――パキスタンの事例から」外川昌彦・子島進編『イスラームと NGO ――南アジアからの比較研究』人間文化研究機構地域間連環研究の推進事業「南アジアとイスラーム」．
———. 2014b.『ムスリム NGO ――信仰と社会奉仕活動（イスラームを知る）』山川出版社．
子島進／ダニシマズ・イディリス．2012.「ムスリム NGO の理念と活動――パキスタンとトルコの事例から」『アジア文化研究所研究年報』47: pp. 116-124.
バウマン，ジグムント．2010.『グローバリゼーション――人間への影響』澤田眞治・中井愛子訳，法政大学出版局．
墓田桂．2014.「第 12 章　国内避難民／国内強制移動問題の諸相〈人の移動と脆弱性の視点〉へ」墓田桂・池田丈佑・小澤藍編『難民・強制移動研究のフロンティア』現代人文社，pp. 373-390.
ハキーム，B. S. 1990.『イスラーム都市――アラブのまちづくりの原理』佐藤次高監訳，第三書館．
羽田正・三浦徹編．1991.『イスラム都市研究』東京大学出版会．
羽田正．2005.「ムスリムの地理的知見と世界像」林佳代子・枡屋友子編『記録と表象――史料が語るイスラーム世界』イスラーム地域研究研究業書 8，東京大学出版会．
広部和也．1996.「難民の定義と国際法」加藤節・宮島喬編『難民』東京大学出版会，pp. 21-52.
福田歓一．2009.『デモクラシーと国民国家』加藤節編，岩波書店．
布野修司・山根周．2008.『ムガル都市――イスラーム都市の空間変容』京都大学学術出版会．
細谷幸子．2011.「イスラームと慈善活動――イランにおける入浴介助ボランティアの語りから」ナカニシヤ出版．
本間浩．1990.『難民問題とは何か』岩波新書．
正村俊之．2009.『グローバリゼーション――現代はいかなる時代なのか』有斐閣．
三木亘・山形孝夫．1984.『イスラム世界の人びと――5・都市民』東洋経済新報社．

三木亘．1992．「中東における民族の問題」『歴史学研究』633: pp. 2-12.
村上雅博．2003．『水の世紀──貧困と紛争の平和的解決にむけて』日本経済評論社．
毛利聡子．2011．『NGOから見る国際関係──グローバル市民社会への視座』法律文化社．
森千香子／エレン・ルバイ編．2014．『国境政策のパラドクス』勁草書房．
家島彦一．1991．『イスラム世界の成立と国際商業──国際商業ネットワークの変動を中心に』岩波書店．
山岡健次郎．2007．「国民と難民の出会うところ」『一橋社会科学』3: pp. 231-255.
─────．2013．「4章 難民移動の系譜学──「余計者」から「保護すべき対象」へ」伊豫谷登士翁編『移動という経験──日本における「移民」研究の課題』有信堂, pp. 71-96.
山本哲史．2008．「国際難民法研究の展開と課題──難民概念，難民出身国の責任，および，難民保護の性質の問題を中心に」Discussion Paper for Peace-building Studies, 11: pp. 1-23.
─────．2013．「第18章 紛争による強制移動と規範：難民流出の多様化への対応をめぐって」広瀬佳一・湯浅剛・伊藤孝之編『平和構築へのアプローチ──ユーラシア紛争研究の最前線』吉田書店, pp. 339-354.
─────．2014．「J. C. ハサウェイによる「難民の権利」論の学術的位置づけとその意義」ジェームス・C・ハサウェイ『難民の権利』日本評論社．

■欧文文献

Ababsa, Myriam. 2010. The Evolution of Upgrading Policies in Amman, Paper prepared for the Second International Conference on *Sustainable Architecture and Urban Development*. CSAAR, MPWH, University of Dundee, Amman, July 2010.

─────. 2011. Social Disparities and Public Policies in Amman. In Ababsa, Myriam and Rami Farouk Daher. *Villes, Pratiques Urbaines et Consturuction Nationale en Jordanie*, Beirut: Presses de l'Ifpo.

─────. 2013. *Atlas of Jordan: History, Territories and Society*. Beirut: Presses de l'Ifpo.

Ababsa, Myriam and Dupret Baudouin. 2012. *Popular Housing and Urban Land Tenure in the Middle East: Case Studies from Egypt, Jordan, Lebanon, and Turkey*. Cairo: American University of Cairo Press.

Ababsa, Myriam eds. 2013. *The Atlas of Jordan: History, Territories and Society*. Beirut: Presses de l'Ifpo.

Abu Nowar, Ma'an. 1989. *The History of the Hashemite Kingdom of Jordan Volume 1: The Creation and Development of Transjordan 1920-1929*. Oxford: IthacaPress.

Abu-Odeh, Adnan. 1999. *Jordanians, Palestinians, and the Hashemite Kingdom in the*

Middle East. Washington D.C.: United States Institute of Peace Process.

Abu-Lughod, Janet L. 1987. The Islamic City—Historic Myth, Islamic Essence, and Contemporary Relevance, *International Journal of Middle East Studies* 19(2): pp. 155-176.

―――. 1989. *Before European Hegemony: The World System A.D.1250-1350*. Oxford: Oxford University Press.

Akram, Susan M. 2015. Protecting Syrian Refugees: Laws, Policies, and Global Responsibility Sharing, *Middle East Law and Governance* 7: pp. 287-318.

Al-Ansari, Nadhir Salem., Al-Oun, Wafa Hadad, and Sven Knutsson. 2013. Water loss in Mafraq Governorate, Jordan, *Natural Science* 5(3): pp. 333-340.

Al-Ansari, Nadhir Salem., Ahmad Al-Hanbali and Sven Knutsson. 2012. Locating Solid Waste Landfills in Mafraq city, Jordan, *Advance Science and Engineering Research* 2(1): pp. 40-51.

Al-Daly, Jamal. 1999. Informal Settlements in Jordan: Upgrading Approaches Adopted and Lessons Learned, Lund University. http://www.hdm.lth.se/fileadmin/hdm/alumni/papers/ad1999/ad1999-09.pdf

Al-Saheb, Abeer. 2010. Urban Rehabilitation, Contexts and Concepts 3.1, Presentation paper. In the workshop of "Urban Upgrading and rehabilitation Experiences in Jordan and the Near East", University of Jordan.

Amjad, Rashid ed. 1989. *To the Gulf and Back: Studies on the Economic Impact of Asian Labor Migration*. New Delhi: United Nations Development Programme.

Anderson, Mary B. 1999. *Do No Harm: How Aid can Support Peace ― or War*. Boulder; Lynne Rienner Publishers.

Antoun, Richard T. 1972. *Arab Village: A Social Structural Study of a Trans-Jordanian Peasant Community*. Bloomington and London: Indiana University Press.

Arendt, Hannah. 1968. *The Origin of Totalitarianism*. New York: Harcourt, Brace & World, Inc.

Arnaut, G. M. 1987. *Asylum in the Arab-Islamic Tradition*. Geneva: UNHCR.

Ayubi, Nazih N. 1995. *Overstating the Arab State: Politics and the Society in the Middle East*. London and New York: I.B. Tauris & Co.Ltd.

Bannerman, M. Grameme. 1995. Hashemite Kingdome of Jordan. In Long, E. David and Bernard Reich ed., *The Government and Politics of the Middle East and North Africa*. Colorado and Oxford: Westview Press, pp. 220-239.

Barnett, Michael, and Janice Gross Stein. 2012. *Sacred Aid: Faith and Humanitarianism*. Oxford: Oxford University Press.

Batanouny, Kamal H. 2001. *Plants in the Deserts of the Middle East*. Berlin & New York: Springer.

Baylouny, Anne Marie. 2006. Creating Kin: New Family Association as Welfare Providers in Liberalizing Jordan, *International Journal of Middle East Studies* 38: pp. 349-368.

———. 2010. *Privatizing Welfare in the Middle East: Kin Mutual Aid Association in Jordan and Lebanon*. Bloomington and Indianapolis: Indiana University Press.

Beaumont, Justin and Paul Cloke. 2012. *Faith-Based Organizations and Exclusion in European Cities*. The University of Bristol: The Policy Press.

Benthall, Jonathan and Bellion-Jourdan, Jerome. 2003. *The Charitable Crescent: Politics of Aid in the Muslim World*. London: I.B. Tauris.

Betts, A. and Collier, P. 2015. Help Refugees Help Themselves: Let Displaced Syrians Join the Labor Market, *Foreign Affairs* 94(6): pp. 84-92. https://www.foreignaffairs.com/articles/levant/2015-10-20/help-refugees-help-themselves

Black, Richard. 2001. Fifty Years of Refugee Studies: From Theory to Policy, *International Migration Review* 35(1): pp. 57-78.

Bojras, B. J. 1989, Economic Theory and International Migration, *International Migration Review* Special Silver Anniversary Issue 23(3): pp. 457-485.

Brand. L. A. 1988. Palestinians and Jordanians: A crises of identity, *Journal of Palestine Studies* 24(4), pp. 46-61.

Burr, J. M. and R. O. Collins. 2006. *Alms for Jihad: Charity Terrorism in the Islamic World*. Cambridge: Cambridge University Press.

Chatelard, Géraldine. 2002. Jordan as a transit country: semi-protectionist immigration policies and their effects on Iraqi forced migrants, UNCHR Research Paper No. 61.

———. 2008. Iraqis in Jordan: elusive numbers, uncertain future. Revised version of paper published as "Jordan's Transient Iraqi Guests: Transnational Dynamics and National Agenda", in *Viewpoints*, Special Edition on Iraq's Refugee and IDP Crisis, Washington: The Middle East Institute, pp. 20-22.

———. 2010. Cross-border Mobility of Iraqi Refugees, *Forced Migration Review* 34: pp. 60-61.

Chatty, Dawn. 2010. *Displacement and Dispossession in the Modern Middle East*. Cambridge: Cambridge University Press.

Chatty, Dawn and Mansour, Nisrine. 2011. Unlocking Protracted Displacement: An Iraqi Case Study, *Refugee Survey Quarterly* 30(4): pp. 50-83.

CIVICUS. 2010. *The Contemporary Jordanian Civil Society: Characteristics, Challenges and Tasks, Civil Society Index Analytical Country Report: Jordan 2010*. Amman: Al-

Urdun Al-Jadid Research Center. http://www.civicus.org/downloads/CSI/Jordan.pdf
Clarke, Janine A. 2004. *Islam, Charity and Activism: Middle-Class Networks and Social Welfare in Egypt, Jordan, and Yemen*. Bloomington: Indiana University Press.
Clarke, Gerard and Michael Jennings eds. 2008. *Development, Civil Society and Faith-Based Organizations: Bridging the Sacred and the Secular*. International Political Economy Series, New York: Palgrave Macmillan.
Cohen, R. and Deng, F. M. 1998. *Masses in Flight: The Global Crises of Internal Displacement*. Washington, DC: Brookings Institution Press.
Cohen, Robin. 1998. Refugee Studies and the Social Sciences: Resolving an Identity Crisis, quoted in Nicholas van Hear, "Editorial Introduction", *Journal of Refugee Studies* 11(4): p. 343.
Crisp, Jeff. 2003. No solutions in sight: the problem of protracted refugee situations in Africa, *New Issues in Refugee Research*, Working Paper No. 75: Evaluation and Policy Analysis Unit UNHCR.
Crisp, Jeff et al. 2009. Surviving in the City: A Review of UNHCR's Operation for Iraqi Refugees in Urban Areas of Jordan, Syria and Lebanon, Geneva: UNHCR. http://www.unhcr.org/4a69ad639.pdf
Elbayar, Kareem. 2005. NGO Laws in Selected Arab States, *International Journal of Not-for-Profit Law* 7(4): pp. 3-27.
Elmadmad, K. 2008. Asylum in Islam and in Modern Refugee Law, *Refugee Survey Quarterly* 27(2): pp. 51-63.
Farah, Randa. 2009. UNRWA: Through the Eyes of its Refugee Employees in Jordan, *Refugee Survey Quarterly* 28(2-3): pp. 389-411.
Francoise De Bel-Air. 2007. State Polices on Migration and Refugees in Jordan, Paper prepared for the Migration and Refugee Movements in the Middle East and North Africa, The Forced Migration & Refugee Studies Program The American University in Cairo, Egypt.
―――. 2010. Highly-skilled migration from Jordan: a response to socio-political challenges. CARIM Analytic and Synthetic Notes 2010/12. Florence: European University Institute: pp. 1-13.
GAM. 2008. *The Amman Plan: Metropolitan Growth Summary Report*. Greater Amman Municipality.
Gandolfo, Luisa. 2012. *Palestinians in Jordan: The Politics of Identity*. New York: I.B. Tauris & Company.
Ghosh, Bimal. 2000. *Managing Migration*. Oxford: Oxford University Press.

Hacker, Jane M. 1960. Modern 'Amman: A Social Study, Research Paper Series No. 3, Department of Geography: University of Durham.

Haddad, E. 2008. *The Refugee in International Society: Between Sovereigns*. Cambridge: Cambridge University Press.

Hammerstein, Ralf. 2011. *Deliberalization in Jordan: The Role of Islamists and U.S.-EU assistance in Stalled Democratization*. Verlag: Carola Hartmann.

Hanafi, Sari. 2010. Governing Palestine Refugee Camps in the Arab East: Governmentalities in Search of Legitimacy, Working paper series, No. 1 Issam Fares Institute for Public Policy and International Affairs, American University of Beirut. http://burawoy.berkeley.edu/Public%20Sociology,%20Live/Hanafi/Hanafi.Governing%20Refugee%20Camps.pdf

Harik, Iliya. 1990. The Origins of the Arab State System. In Giacomo Luciani ed., *The Arab State*. London: Routledge, pp. 1-28.

Harmsen, Egbert. 2008. *Islam, Civil Society and Social Work: Muslim Voluntary Welfare Associations in Jordan Between Patronage and Empowerment*. Amsterdam: Amsterdam University Press.

Hasselbarth, Sarah. 2014. *Islamic Charities in the Syrian Context in Jordan and Lebanon*. Beirut; Friedrich Ebert Stiftung.

Hathaway, James C. 2005. *The Rights of Refugees under International Law*. Cambridge: Cambridge University Press.

Hinnebusch, Raymond. 2003. *The International Politics of the Middle East*. Manchester: Manchester University Press.

Hourani, Hanied. 2006. *Directory of Civil Society Organizations in Jordan*. Amman: Sindbad Publishing House.

Ibrahim, Saad Eddin. 1995. Civil Society and Prospects for Democratization in the Arab World. In Augustus Richard Norton ed., *Civil Society in the Middle East*. Vol. 1. Leiden: E. J. Brill.

Ionides, Michael George and George Stanfield Blake. 1939. *The Water Resources of Transjordan and their Development*. Incorporating a Report on Geology. Soils and Minerals and Hydro — Geological Correlations, London: Crown Agents for the Colonies.

Khalidi, Walid. 1959. Why Did the Palestinians Leave?, *Middle East Forum* 24 (July): pp. 21-24.

Khatib, Fawzi. 1991. Foreign Aid and Economic Development in Jordan: An Empirical Investigation. In Wilson, Rodney ed., *Politics and Economy in Jordan*. London: Routledge, pp. 60-76.

Khouri, Fred J. 1968. *The Arab-Israeli Dilemma*. Syracuse University Press.

Krasner, Stephen, D. 1983. Structural Causes and Regime Consequences: Regimes as Intervening Variables. In Stephen D Krasner ed., *International Regimes*. Ithaca: Cornell University Press, pp. 1-22.

Kunz, E. 1973. The Refugee in Flight: Kinetic Models of Refugee Flight, *International Migration Review* 7(2): pp. 125-146.

Ledwith, Alison. 2014. *Zaatari: Instant City*. Affordable Housing Institute. http://www.affordablehousinginstitute. org/storage/images/AHI-Publication-Zaatari-The-Instant-City-Low-Res-PDF-141120.pdf

Lesch, M. Ann. 1991. Palestinians in Kuwait, *Journal of Palestine Studies* 20(4): pp. 42-54.

Leslie, Jolyon. 1992. East Wahdat Upgrading Programme Amman, Jordan, 1992 Technical Review Summary 844. JOR.

Loescher, Gil. 1993. *Beyond Charity: International Cooperation and the Global Refugee Crisis*. Oxford: Oxford University Press.

―――. 2001. *The UNHCR and World Politics: A Perilous Path*. Oxford: Oxford University Press.

Long, Katy. 2011. *Permanent crises? Unlocking the protracted displacement of refugees and internally displaced persons*. Refugee Studies Center, Oxford Department of International Development, University of Oxford.

Lucas, Russel. E. 2005. *Institutions and the Politics of Survival in Jordan: Domestic Responses to External Challenges, 1988-2001*. Cambridge: Cambridge University Press.

Malkki, Liisa H. 1995. *Purity and Exile: Violence, Memory, and National Cosmology among Hutu refugee in Tanzania*. Chicago: University of Chicago Press.

Massey, Douglas. S., et al. 1998. *Worlds in Motion: Understanding International Migration at the End of the Millennium*. Oxford: Clarendon Press.

Milton-Edwards, Beverley and Peter Hinchcliffe. 2009. *Jordan: A Hashemite Legacy*. London and New York: Routledge.

Ministry of Planning and International Cooperation. 2012. *Rehabilitation and Marketing of Products of House-hold Projects and Individuals and NGOs*. Jordan: Ministry of Planning and International Cooperation.

Morris, Benny. 2007. The New Historiography: Israel Confronts its Past. In Benny Morris ed., *Making Israel*. Michigan: University of Michigan Press, pp. 11-28.

Nefissa, Sarah Ben, et al. 2005. *NGOs and Governance in the Arab World*. Cairo: The American University Press.

Northedge, Alastair. 1992. *Studies on Roman and Islamic 'Amman, Volume 1: History,*

Site and Architecture. Oxford: Oxford University Press.

Oesch, Lucas. 2010. The Evolution of Urban Upgrading and Rehabilitation in Greater Amman, Columbia University Middle East Research Center, Graduate School of Architecture Planning and Preservation.

Pavanello, S and V. Metcalfe. 2012. Surviving in the City: Youth, Displacement and Violence in Urban Settings, HPG Policy Brief 44, London: ODI. https://www.odi.org/sites/odi.org.uk/files/odi-assets/publications-opinion-files/7627.pdf

Pavanello, Sara with Simone Haysom. 2012. Sanctuary in the city? Urban displacement and vulnerability in Amman, HG Working Paper, London: ODI. https://www.odi.org/sites/odi.org.uk/files/odi-assets/publications-opinion-files/8444.pdf

Petersen, Marie Juul. 2012. Islamizing Aid: Transnational Muslim NGOs After 9.11, *Voluntas: International Journal of Voluntary and Nonprofit Organizations* 23: pp. 126-155.

―――. 2014. Trajectories of transnational Muslim NGOs, *Development in Practice* 22 (5-6): pp. 763-778.

Potter, Robert B., Khadija Darmame, Nasim Barham, Stephen Nortcliff. 2007. Introduction to the Urban Geography of Amman, Jordan, Geographical Paper no. 182, The University of Reading.

―――. 2009. Ever-growing Amman, Jordan: Urban expansion, social polarization and contemporary urban planning issues, *Habitat International* 33: pp. 81-92.

Rogan, Eugene L. 1999. *Frontiers of State in the Late Ottoman Empire: Transjordan, 1850-1921*. Cambridge: Cambridge University Press.

Roy, Sara. 2011. *Hamas and Civil Society in Gaza: Engaging the Islamist Social Sector*. New Jersey: Princeton University Press.

Salamon, Lester M. 1994. The rise of the Nonprofit Sector, *Foreign Affairs* 73, July/August: pp. 109-122.

Sassoon, Joseph. 2009. *The Iraqi Refugees: The new crisis in the Middle East*. New York: I. B. Tauris & Co. LTD.

Shacknove, Andrew. 1993. From Asylum to Containment, *International Journal of Refugee Law* 5: pp. 516-513.

Shoukri, Arafat Madi. 2010. *Refugee Status in Islam: Concepts of Protection in Islamic Tradition and International Law*. New York: I.B. Tauris.

Sparre, Sara Lei and Marie Juul Petersen. 2007. Islam and Civil Society: Case Studies from Jordan and Egypt, DIIS Report 2007: 13, Copenhagen: Danish Institute for International Studies, DIIS.

Taoquer, Le Yann and Rozenn Hommery Al-Qudat. 1999. From Kuwait to Jordan: The Palestinians' Third Exodous, *Journal of Palestine Studies* 28(3): pp. 37-51.

Tell, Tariiq Moraiwed. 2013. *The Social and Economic Origins of Monarchy in Jordan.* New York: Palgrave Macmillan.

Turk, V. 2008. Introduction: Asylum and Islam, *Refugee Survey Quarterly* 27(2): pp. 3-4.

Turner, Bryan S. 1994. *Orientalism, Postmodernism and Globalism.* London and New York: Routledge.

UN-HABITAT. 2012. *The State of Arab Cities 2012: Challenges of Urban Transition.* UN-HABITAT. http://mirror.unhabitat.org/pmss/listItemDetails.aspx?publicationID=3320

UNHCR. 2009. UNHCR Policy on refugee protection and solutions in urban areas, UNHCR.

―――. 2010. *Global Trends 2010.*

―――. 2011. *Global Trends 2011.*

―――. 2012. *Global Appeal 2012.*

―――. 2013. *Global Trends in 2013.*

―――. 2014a. *Global Trends Forced Displacement in 2014.*

―――. 2014b. *Gulf Donors and NGOs Assistance to Syrian Refugees in Jordan,* UNHCR Gulf Report, June 2014.

―――. 2015. *Zaatari Refugee Camp FACTSHEET.* https://reliefweb.int/sites/reliefweb.int/files/resources/ZaatariFactSheetJULY.pdf

―――. 2017. *Mid-Year Trends* 2016. http://www.unher.org/statistics/unhc/stats/58aa8f247/mid-year-trends-june-2016.html

UNRWA. 2012. *UNRWA-at-a-glance.* UNRWA.

Weiner, Myron. 1993. *International Migration and Security.* Boulder, CO: Westview Press.

Wiktorowicz, Q. 2000. Civil Society as Social Control: State Power in Jordan, *Comparative Politics* 33(1): pp. 43-61.

―――. 2001. *The Management of Islamic Activism: Salafis, the Muslim Brotherhood, and State Power in Jordan.* New York: State University of New York Press.

Wiktorowicz, Q and Suha Taji Farouki. 2000. Islamic NGOs and Muslim politics: a case from Jordan. *Third World Quarterly* 21(4): pp. 685-699.

Winckler, Onn. 2009. *Arab Political Demography: Population Growth, Labor Migration and Natalist Policies.* Sussex: Sussex Academic.

Young, Oran R. 2002. *The Institutional Dimensions of Environmental Change: Fit, Interplay, and Scale.* Cambridge; Cambridge Mass: MIT Press.

Ziotti, Ruben. 2006. Dealing with non-Palestinian Refugees in the Middle East: Policies and Practices in an Uncertain Environment, *International Journal of Refugee Law* 18(2): pp.

333-353.

Zolberg, Arostode. 1983. The Formation of New States as a Refugee-Generating Process. *Annals* 467: pp. 225-238.

Zolberg, Aristide R., Astri Suhrke, and Sergio Aguayo. 1989. *Escape from Violence: Conflict and the Refugee Crisis in the Developing World*. New York: Oxford University Press.

■オンライン資料（ウェブサイト等）

国土交通省
国土地理院
FAFO
Greater Amman Municipality
Jamʿīya al-Markaz al-Islāmīya al-Khayrīya:
Jamʿīya al-Kitab wa al-Sunna
Jamʿīya al-moḥsinīn al-khayrīya
Jamʿīya al-ghayth al-khayrīya:
Markaz Abī hurayra li-riʿāya al-iytām（Jamʿīya al-Markaz al-Islāmīya al-Khayrīya）
Muʾasasa Nūr al-Ḥusayn（Noor Al-Hussein Foundation）
Rābiṭa al-ʿālim al-Islāmī（Muslim World League）:
Registry for Societies
Ruhamāʾ Bayna-hum al-Khayrīya:
Sajjal al-Jamʿīyyā
al-Ṣundūq al-Urdunī al-Hāshimīya lil-Tanmiya al-Basyarīya（JOHUD）
UNHABITAT
UNHCR
UNRWA

■新聞・雑誌

（アラビア語）
al-Dustūr
al-Ghad
al-Raʾy
7iber

（英語）

Economist
Jordan Times
Middle East Times
New York Times
Relierfweb
Washington Post

　　　　　　　あ と が き

　シリアの大地に私が初めて訪れたのは，大学の学部時代に当時の留学先である欧州から中東地域に足を踏み入れた時であった。2010年当時は，イラク戦争以降の戦乱が収束に向かいながらも情勢不安は続いており，シリアでは人懐っこいシリア人に触れるかたわら，イラク難民に多く出会った。当時の私の関心は，イラク難民の存在や，その他の様々な土地からやってくる人々を包摂する都市そのものに向けられた。何よりも，イスラーム世界の多様性や懐の深さに強い関心を持つようになり，イスラーム学及び中東地域研究を志すことになった。シリアとイラクの間には沙漠地帯が広がっており，戦乱を逃れてくる人々は，地図の上の国境を軽々と越えて隣国に流れ込んでいた。このような中東の生態環境の独自性も，私を強く惹きつけた。
　その後，本格的に中東地域研究に取り組むために，京都大学大学院に進学した。ところが，フィールドワークをするつもりだったシリアは，2011年の民主化要求デモが始まると，まもなくアサド政権，反体制派，さらに後にはイスラーム過激派の間で内戦となってしまった。大量のシリア難民が生まれ，シリアは新しい難民創出国となり，激しい戦乱のために現地調査が困難な場所となった。そこで，隣国ヨルダンを私自身のフィールドとして，シリア難民の生存基盤，彼らを受け入れる「難民ホスト国家」ヨルダンの実態を調査し，考察することになった。本書は，その成果をまとめたものである。
　シリア難民は，人類史上最悪とも称される人道危機の結果として生まれた。UNHCRによると，人口2200万人のうち，半数の1100万人が難民や国内避難民として住む家を追われたとされ，その多くは周辺国に流入している。2015年頃より命懸けで地中海を渡り欧米を目指すシリア難民が急増し始めるが，噴出したのは安全保障上の脅威としてテロとの関係を疑問視する不安の渦と，難民受入に対する不満の声であったように思う。「テロとの戦い」の時代にある今，難民という事象にどのように立ち向かうのか，私たちは改

めて問われている。

　他方，ヨルダンは，70年にわたって「難民ホスト国家」として難民を受け入れてきた国であり，シリア難民の問題は，その最新版である。ヨルダンに初めて降り立った私は，出会う人のほとんどがパレスチナの出身で，自らをパレスチナ人と称しながらもヨルダン人として暮らす姿を目にして，ヨルダンの難民との関わりの深さというものを体感した。シリア難民が流入し始めると，「ヨルダンは今や「アラブ世界のるつぼ」だ」と自らの難民体験と重ね合わせるかのように語る多くのパレスチナ系ヨルダン人の言葉や，自らの故郷を「シャーム」（シリアもヨルダンも含む歴史的シリア）と呼ぶシリア人の姿から，中東地域の柔軟性や10年単位で繰り返される戦争や内戦の結果として積み重なってきた「難民」という存在，国境だけでは切れない地理的概念の独自性についても感じることとなった。

　本書を執筆する中では，学際的なテーマである難民という事象を扱うにあたり，どのように取り組むべき思いをめぐらせることが幾度もあった。空間情報のデータを扱う際には，まだやり残したことも多いと感じている。また，難民をめぐる現実は一向に好転せず，ヨルダンでのフィールドワークに出かければ，日々の暮らしに精一杯で子供を学校に行かせることができない家族や，シリア内戦で夫が行方不明になり，涙ながらに夫を思う気持ちを話すシリア人女性に出会い，また日本に戻ってもメディアを通じて命懸けで地中海を渡るも命を落とす難民の姿を目にし，やりきれない思いを抱えながら本書の執筆に取り組む日々であった。私自身，研究だけでなく，いつか実務の世界で，直接的に彼らの生存基盤の一助となるような何かを生み出したいという思いを胸に，今に至っている。

　本書は，2016年3月に京都大学大学院アジアアフリカ地域研究研究科に提出した博士論文「現代中東における難民問題とイスラーム的NGO ――難民ホスト国ヨルダンの研究」を加筆修正したものである。刊行にあたっては，独立行政法人日本学術振興会「平成28年度科学研究費補助金（研究成果公開促進費）学術図書」（課題番号17HP5150）の助成を受けた。また，本研究を進めるにあたっては，日本学術振興会の特別研究員奨励費（研究課題「現代中東におけるイスラーム的NGOの即応的対応力とオルタナティブな

難民支援策」課題番号14J02652［DC］，研究課題「イスラーム的NGOが創る21世紀型人道支援システム：中東の地域紛争と難民を事例に」課題番号16J07795［PD］），「グローバルCOE：生存基盤持続型の発展を目指す地域研究拠点」，ならびに「若手研究インターナショナル・トレーニング・プログラム（ITP）：地域研究のためのフィールド活用型現地語教育」の支援を賜った。ここに記して謝意を表したい。

＊　　＊　　＊

　これまでの研究，そして本書を完成させるまでの各過程において，多くの方々からご指導を頂いた。何よりも主指導教員である小杉泰先生には，言葉に尽くせない程の感謝の気持ちでいっぱいである。入学前年度の夏に先生とお会いした時は，迫力に圧倒され，また当時考えていた研究テーマについて真に迫る質問を受けて，研究への強い思いと覚悟を胸にしたことが思い返される。先生からは研究に対するアドバイスのみならず，研究者としての心構えや一人間としての在り方について多くを学んだ。心から尊敬する先生のもとで，研究を進められたことは私にとってかけがえのない財産である。

　また，入学から博士論文を仕上げるまでの間に多くの先生にお世話になった。副指導教員である田辺明生先生（南アジア地域研究）と長岡慎介先生（イスラーム経済論）には，常に温かいご指導を頂いた。連環地域論・グローバル地域研究専攻のゼミでは，東長靖先生（イスラーム学），藤倉達郎先生（文化人類学），山田協太先生（都市研究），中溝和弥先生（政治学）より，学際的で多角的なアドバイスを頂いた。NIHUプログラム・イスラーム地域研究の京都大学イスラーム地域研究センター（KIAS）には，論文のジャーナル掲載や折に触れて知に溢れる研究会やワークショップへ参加する機会を頂いた。同時に，研究会の運営や連絡業務についても積極的に関わり，多くのことを学ばせて頂いた。研究を進める中で，事務局の渋谷晴巳さんには様々な場面で大変お世話になった。ここに記して，心よりお礼申し上げたい。

　さらに，京都大学稲盛財団記念会館のGISラボでは，鳥井清司先生（京都大学東南アジア研究所），長谷川博幸さん（ジオネット株式会社），宮原健吾先生（京都市埋蔵文化財研究所）に，ArcGISやAutoCAD，ENVIソフトフェアの

使用方法を細かく教えて頂いた。夜遅くまでデータ解析に付き合って頂き，数々の質問に丁寧に答えて頂いたことに感謝を申し上げたい。

在学中は，研究発表や意見交換の場を通して学外の様々な方との出会いに恵まれた。日本の中東政治研究を牽引しておられる酒井啓子先生（千葉大学）には，共同ワークショップや学会の場で報告を聞いて頂き，いつも貴重なご助言を頂いた。また，イスラーム世界のNGO研究の第一人者である子島進先生（東洋大学）には，お目にかかった時だけではなく電話でアドバイスを頂くこともあり，大変嬉しく感じた。また，毎年の沙漠学会では，熱帯乾燥域の社会生態環境について，縄田浩志先生（秋田大学）と研究対象地域を超えて楽しくお話させて頂いたことが印象に残る出来事であった。

この他にもたくさんの方々からの学恩を頂いた。末近浩太先生（立命館大学）には，大学院を修了後，日本学術振興会の特別研究員として受け入れて頂き，日頃よりご指導頂いている。また，ヨルダン研究及び政治学の第一線でご活躍されている吉川卓郎先生（立命館アジア・太平洋大学）からは，学会や研究会の場で，有益な数々のアドバイスを賜った。さらに，学部時代の恩師である横山彰先生（中央大学）には，学問の面白さに触れるきっかけを作って頂き，また研究を社会に還元することの重要性についても学ばせて頂いた。

国際的な場での発表機会やフィールドワークを通じても，実に多くの方々にお世話になった。世界を代表するイスラーム経済学者であるメフメット・アシュタイ先生（英国ダラム大学）とは毎年の研究報告の場で研究上の有益なアドバイスを頂いた。また，ダラム大学やマレーシア国民大学との共同シンポジウム，ワークショップでは国際色豊かな若手研究者の方々と活発な意見交換をする機会が多々あり，分野横断的な視点から意見交換できたことは大変有意義であった。

ヨルダン滞在中は，中東地域の地理学を牽引しておられるミリアム・アバブサ先生（近東地中海研究所）をはじめ，研究所の方々に大変お世話になった。ヨルダンで出会った友人や合気道道場の仲間とは，フィールドワークを終えて帰る家の庭先でバーベキューをしながら，またカフェでシャイ（紅茶）を片手に，稽古終わりに道場で，ヨルダンの政治や中東・国際情勢，互いの夢

についてまで同年代同士夜な夜な語り合ったことが懐かしく思い出される。フィールドワークで現地を訪れる際に再会することが待ち遠しく，また日本にいても普段から連絡を取る仲で，私にとって大変心強い存在となっている。

　初めての単著刊行ということで，不慣れな私を親切なご助言で刊行まで導いてくださったナカニシヤ出版編集部の石崎雄高氏に，格別の謝意を申し上げたい。また，ここには列挙しきれない数多くの先生方や先輩方，そして同輩や後輩から学恩を頂戴している。すべての方のお名前を挙げることはできないが，この場を借りて皆様に心より御礼を申し上げたい。

　最後に，これまで温かく見守ってくれた家族に感謝の気持ちを表したい。

索 引

ア 行

ICCS　133
アジュル　145
アフガニスタン　33
アフガン難民　59
アブー・フライラ孤児支援慈善センター　106
アマーン（amān）　35
アライアンス宣教協会　132
アラビア語　38,43,45,46,156
アラビア半島　43,45,46
アラブ
　――・ウンマ　39,47,61
　――の春　4,61,75,80
　――民族主義　9,38,40,73,74
　――連盟　30
アンサール　145
アンマン　53,54,63,68,99,102,135,153,155,157
　――川　99
イエメン　52
　――内戦　33
イスラエル　34
イスラミック・リリーフ　135
イスラーム
　――・ウンマ　38,39,47
　――国（IS）　4,79,89
　――慈善センター協会　131
　――主義　119
　――主義組織　9,10,71,98,154
　――的 NGO　10,70,83,85,86,98,133,138,140,153,154,157,158
　――的市民社会　83
　――都市　49,50
　――の伝統　32
　――の都市性　44,48
　――復興　72,83
　――復興運動　84,85
　――文明　43-45,47,154
　――法　32,39,40,45,56,82,118
イフサーン　145
移民　7,8,25,68
イラク　122,127,145,146,148
　――難民　9,30,77,78,93,148
イラン　52,112
　――・イラク戦争　33
インティファーダ（al-Intifāda）　66
インフォーマル居住区　62,69,104
ウェストファリア体制　23,38
ウェルカム・キット　136
ウンマ（umma）　39,40,45,51,61,82,117,120
エジプト　80
FBO（Faith-Based Organization）　86
エルサレム　53
援助対象者（Persons of Concern）　21,22,24
OIC（Organization of Islamic Cooperation）　28,29
オアシス　52
王族主導型 NGO　90,95
OAU 難民条約　21,24
温帯　5
　――パラダイム　5

カ 行

ガイス慈善協会　107
カイロ　46
カタル　138,140
可動性　57
カラム（karam）　37
カルタヘナ宣言　21,24
環境難民　21
乾燥地文明　53
帰還権　30-32
帰還民（Returnees）　76,77
北カフカス　100

195

キタープとスンナ協会　106,131
客人歓待　37
キャラバン　135,139
強制移動　8
クウェート　109,135
クルアーン　46,87,114,115,141-144
　——学校　92,109,110,116,120
黒い9月事件　66,74
グローバリゼーション　40
グローバル化　56
グローバル・サウス　89
恒久的解決策　27
国際移住機関（IOM）　25
国際人権宣言　31
国際難民レジーム　88,89,95
国際連合児童基金（UNICEF）　134
国内強制移動に関する指導原則（指導原則）　24
国内避難民（IDP）　21
国連難民高等弁務官事務所（UNHCR）　16
国連の難民の地位に関する条約（難民条約）　20,27,29,88,153
コソヴォ　22
コミュニティ・センター協会　107

サ 行

ザアタリ難民キャンプ　80,81,119,123,125,127-130,133,135,150
ザアタリ村　127
サウディアラビア　119,122,135,138,140,146,148
ザカート　50,86,90,109,110,135,143
　——・コミッティー（L. Z.）　90,104,107,120
　——・ファンド　90
サダカ　86,143
サーマッラー　78,79
サルト　101
三項連関　12,47,122
C&MA　136,139
GAM　62,63
事実上の難民（de facto refugees）　24
持続型生存基盤論　4
自発的帰還　27

市民社会　81,83
ジャーヒリーヤ時代　36
シャーム　57
シリア　145,146
　——沙漠　146
　——内戦　14
　——難民　79,94,97,108,110,111,120,127,136
人道危機　17
人道原則　118
人頭税（jizya）　36
新難民　70,77,93
スーダン　33
　——内戦　33
生存圏　5
生態的論理　4
生命圏　5
善行（ikhsān）　85
即応的対応力　120,140,155,157

タ 行

ダアワ　115
第三国定住　25,27
第3次中東戦争　73
隊商宿　50
大破局（ナクバ）　76
ダマスカス　46,54,100
ダルアー　130,131
　——県　81,150,151
ダール・アル・イスラーム　35,51
ダール・アル＝ハルブ　35,51
チェルケス人（Circassians）　100,102
地球規模課題　18
地球圏　5
チュニジア　80
長期化する難民の状況（PRS）　25
テロ組織　10
都市型生存基盤　155
都市難民　94,95
都市の文明　44
トルコ　112

ナ 行

ナイジェリア　22
難民　3

──・強制移動研究　8
──研究　6,7
──の権利　7
──の世紀　3
──の地位に関する議定書（難民議定書）　20,21,29
──の封じ込め　22,27
──保護レジーム　26
──ホスト国　13,70,154
──ホスト国ヨルダン　156
──ホスト国家　3
西アンマン　149
人間開発　137
人間圏　5
熱帯　5
──乾燥域　4,12,13,48,52,54,55,156
──パラダイム　5,6

ハ　行

バグダード　54,100,149
ハーシム王家　58
バドル地区　104,106,108,111,123
ハマー（Hamā）虐殺　81
パレスチナ難民　9,14,17,21,27,30,34,35,72,87,91,102,147,156
──解放機構（PLO）　66,74
──救援事業機関（UNRWA）　17
──難民キャンプ　67,75,94,97
汎イスラーム主義　38
庇護　8,32
──国定住　27
──民（dhimmī）　36
ヒジャーズ　58
──鉄道　101
ヒジュラ（al-Hijra）　36,37
ヒズブッラー（Ḥizb Allāh）　84
避難　19,20
避難所　20
プッシュ・プル理論　7
保護（アマーン）　100
ボスニア　22

マ　行

マグリブ　48
マッカ　34,45,46,116,142
マディーナ　34,142
マフラク　80,122,153,155
水資源　54,55
民族自決権　30-32
ムスタアミン　35
ムスタジール　35,36
ムスリム同胞団　70
ムハージール　35,36
ムハージルーン　145
モフニセン慈善協会　107

ヤ　行

遊牧文化　47
遊牧民　48,54,57,101
ユグノー　18
ユーゴスラビア　22
ヨルダン
──川西岸　73
──内戦　93
──・ハーシム人間開発財団　107,132
──・リバー財団　90,107

ラ　行

ラクダ　50
ラバト・アンモン　99
リバー（ribā）　45
ルセイファ　104
──地区　65
ルハマー慈善協会　132
ルワンダ　22
歴史的シリア　57,59
レバノン　33
ロシア革命　21

ワ　行

ワディ　125
ワヒダード　64,102
ワフク　82,86
湾岸危機　76

■著者略歴
佐藤　麻理絵（さとう・まりえ）
　1989 年　東京都に生まれる。
　2016 年　京都大学大学院アジア・アフリカ地域研究研究科修了。
　　　　　博士（地域研究）。
　現　在　日本学術振興会特別研究員（PD）。
　著　作　「ムスリム NGO による難民支援」（『市民のためのイスラーム社会経済入門』，2017 年），「ヨルダンにおける難民受入と支援ネットワークの即応的対応力──都市アンマン・バドル地区の事例から」（『イスラーム世界研究』9，2016 年），『中東・アジアにおける市民社会組織』〔編著〕（京都大学総合地域研究ユニット臨地教育支援センター，2014 年），他。

現代中東の難民とその生存基盤
──難民ホスト国ヨルダンの都市・イスラーム・NGO──

2018 年 2 月 26 日　初版第 1 刷発行

著　者　　佐藤麻理絵

発行者　　中　西　　良

発行所　　株式会社　ナカニシヤ出版

〒 606-8161　京都市左京区一乗寺木ノ本町 15
　　　　　TEL　(075)723-0111
　　　　　FAX　(075)723-0095
　　　　　http://www.nakanishiya.co.jp/

© Marie SATO 2018　　　　　印刷・製本／創栄図書印刷
＊落丁本・乱丁本はお取り替え致します。
ISBN978-4-7795-1239-1　　Printed in Japan

◆本書のコピー，スキャン，デジタル化等の無断複製は著作権法上での例外を除き禁じられています。本書を代行業者等の第三者に依頼してスキャンやデジタル化することはたとえ個人や家庭内での利用であっても著作権法上認められておりません。

グローバル・イスラーム金融論

吉田悦章

急激にグローバル化・高度化するイスラーム金融を実証的に分析。その発展史から、地域的特性、金融商品の内容、イスラーム法との関係まで。本分野の第一人者による、イスラーム金融研究書。

四二〇〇円+税

イスラミック・ツーリズムの勃興
―宗教の観光資源化―

安田 慎

行先は"聖地"か"観光地"か―。相反する価値観を孕んだ「宗教」と「観光」はいかに結びついたのか。イスラミック・ツーリズムを巡る思想的系譜と市場形成を、宗教観光の発展を通じて明らかに。

三〇〇〇円+税

現代アラブ・メディア
―越境するラジオから衛星テレビへ―

千葉悠志

国境を超えるメディアがアラブ世界を揺さぶる。国家主導のラジオ放送に始まり、いま国家の枠を超えた衛星放送激増の時代を迎えたアラブ・メディアの姿を、歴史的・地域的な視点から描き出す。

四二〇〇円+税

イランにおける宗教と国家
―現代シーア派の実相―

黒田賢治

日常の信仰から国政までも指導するイスラーム法学者。その実像を探りながら、宗教界との関係から現代イランの社会と国家体制の実態を捉え、さらに起こりつつある変動の予兆へと迫る。

四二〇〇円+税

表示は二〇一八年二月現在の価格です。